Tri...

Die...
gefä...
gess...
kein...

Übrig... nnen die Richtsätze innerhalb der Vereinigten Staaten und Kanadas recht unterschiedlich sein und auch je nach der Kategorie des Hotels, der Größe des Ortes usw. variieren. Unsere Zahlen stellen die gebräuchlichen Tarife für Unternehmen mittlerer Klasse in großen Städten dar.

Natürlich sind Trinkgelder eine persönliche Angelegenheit, und es gibt keine genauen Regeln, wie besondere Dienste oder Gefälligkeiten zu belohnen sind. Somit ist diese Tabelle nur eine nützliche Hilfe, um Verlegenheiten zu vermeiden.

HOTEL	
Gepäckträger, pro Gepäckstück	50¢–$1
Boy, Laufjunge	$1
Zimmermädchen, pro Tag	$1
Portier, ruft ein Taxi	50¢
RESTAURANT	
Kellner	15%
Garderobe	50¢–$1
Toilettenfrau	25¢–50¢
Taxifahrer	15%
Friseur	15%
Fremdenführer	10–15%
Platzanweiser (Kino, Theater)	nicht erforderlich

BERLITZ SPRACHFÜHRER

Der beliebte Sprachführer bietet mehr: den Wortschatz, und die praktischen Ausdrücke, die Sie gebrauchen werden, aber auch zahlreiche Reisetips, nützliche Hinweise und vor allem die wertvolle Aussprachehilfe. Reisespaß ist Ihnen mit diesem handlichen Sprachführer gewiß.

Dänisch
Englisch
Amerikanisches Englisch
Französisch
Griechisch
Italienisch
Portugiesisch

Russisch
Schwedisch
Serbokroatisch
Spanisch
Suaheli
Ungarisch

BERLITZ »SPRACHSETS«

Die meisten der oben aufgeführten Titel sind auch zusammen mit einer Recorder-Kassette lieferbar, die Ihrer Aussprache sehr zugute kommen wird. Das dazugehörige 32seitige Textheft gibt den gesamten Text der zweisprachigen Aufnahme wieder.

BERLITZ®

ENGLISCH
FÜR DIE REISE

Nordamerikanische Ausgabe

Herausgeber: Redaktion des Berlitz Verlags

Copyright © 1974 Berlitz Verlag, Macmillan S.A., Avenue d'Ouchy 61, 1000 Lausanne 6, Schweiz

Alle Rechte vorbehalten, insbesondere das Recht der Vervielfältigung und Verbreitung sowie der Übersetzung. Ohne schriftliche Genehmigung des Verlags ist es nicht gestattet, den Inhalt dieses Werkes oder Teile daraus auf elektronischem oder mechanischem Wege (Fotokopie, Mikrofilm, Ton- und Bildaufzeichnung, Speicherung auf Datenträger oder ein anderes Verfahren) zu reproduzieren, zu vervielfältigen oder zu verbreiten.

Berlitz ist ein beim U.S. Patent Office und in anderen Ländern eingetragenes Warenzeichen.

8. Auflage 1989

Printed in Hungary

Vorwort

Sie wollen in die Vereinigten Staaten reisen. Und wir möchten Ihnen ein praktisches Buch mit Redewendungen mitgeben, das Ihnen auf der Reise nützlich sein soll.

Englisch für die Reise bringt Ihnen:

* eine Fülle von Sätzen, Redewendungen und zusätzlichen Vokabeln;
* eine große Auswahl von Reisetips und nützlichen Informationen;
* eine vollständige Aussprachebezeichnung aller fremdsprachigen Wörter und Sätze;
* Sonderabschnitte mit vorbereiteten Antworten für Ihren Gesprächspartner. Zeigen Sie ihm einfach das Buch und lassen Sie ihn auf den zutreffenden Satz deuten. Dies ist besonders praktisch in bestimmten schwierigen Situationen (Arzt, Automechaniker usw.). Der Gedankenaustausch wird unmittelbar, schnell und sicher;
* eine sinnvolle Darbietung: Sie finden leicht den richtigen Satz in der entsprechenden Situation;
* rasches Nachschlagen dank der Farbabschnitte. Sie sind zusätzlich auf der letzten Umschlagseite aufgeführt. Außerdem finden Sie ein genaues Inhaltsverzeichnis am Schluß des Buches.

Das sind nur ein paar der praktischen Vorteile. Außerdem ist dieses Buch eine wertvolle Einführung ins amerikanische Leben.

Sie finden einen ausführlichen Abschnitt «Gaststätten» mit Übersetzungen und Erklärungen für praktisch alle Angaben auf einer Speisekarte in den Vereinigten Staaten; ein vollständiger Einkaufsführer, mit dem Sie wirklich alles Gewünschte finden können. Und wenn Sie eine Autopanne haben? Dann helfen Sie sich mit den Anweisungen im Abschnitt «Auto – Reparaturen». Sollten Sie sich nicht wohl fühlen? Unsere medizinischen Seiten helfen Ihnen, sich besser und schneller mit dem Arzt zu verständigen.

Um den größten Nutzen aus *Englisch für die Reise* zu ziehen, fangen Sie mit dem Ausspracheführer an und fahren mit «Die ersten Worte» fort. Dadurch lernen Sie gleichzeitig die wichtigsten Vokabeln und die Aussprache.

Unser aufrichtiger Dank gebührt Herrn John Campbell und Fräulein Ingrid Jonas für ihre Hilfe bei der Abfassung dieses Buches, Herrn Dr. Naum R. Dimitrijević für seine grundlegende Vorarbeit sowie Herrn Dr. T.J.A. Bennett für die Erstellung der Lautschrift. Ferner danken wir dem U.S. Travel Service und dem U.S. Department of Transportation für ihre Mithilfe.

Wir begrüßen jede Art von Anregung, Kritik und Vorschlägen zur Verbesserung zukünftiger Auflagen.

Vielen Dank und gute Reise!

An verschiedenen Stellen in diesem Buch werden Sie den hier abgebildeten Symbolen begegnen. Sie kennzeichnen kleine Zusammenstellungen von möglichen Fragen und Antworten Ihres Gesprächspartners. Falls Sie ihn nicht verstehen, geben Sie ihm das Buch und lassen Sie ihn auf den zutreffenden Satz deuten – die deutsche Übersetzung steht daneben.

Aussprache

Dieses und das folgende Kapitel sollen Sie mit der von uns verwendeten Aussprachebezeichnung vertraut machen und Ihnen helfen, sich an den Klang der englischen Sprache zu gewöhnen.

Als minimales Reisevokabular haben wir für Sie eine Anzahl grundlegender Wörter und Sätze unter der Überschrift «Die ersten Worte» (Seite 11–15) zusammengestellt.

Die von uns gewählte vereinfachte Umschrift ist wie Deutsch zu lesen; besondere Aussprecheregeln werden unten erläutert. Natürlich stimmen die Laute zweier verschiedener Sprachen nie ganz genau überein; aber wenn Sie die folgenden Anleitungen sorgfältig beachten, sollten Sie mit dem Lesen unserer Aussprachebezeichnung keine Mühe haben und sich ohne weiteres verständlich machen können.

Fettgedruckte Buchstaben müssen mit mehr Betonung als die anderen gelesen werden.

Konsonanten

Buchstabe	Annähernde Aussprache	Lautschrift	Beispiel	
f, h, k, l, m, n, p, t, x	werden wie im Deutschen ausgesprochen			
b	immer wie in Rabe, nie wie in ab	b	**buy**	bai
c	1) vor **e, i, y** wie ß in Nuß;	ss	**receipt**	rissiet
	2) sonstwo wie **k** in kein	k	**can**	kæn
ch	wie **tsch** in rutschen	tsch	**much**	mötsch
d	immer wie in baden, nie wie in Bad	d	**day**	deej

g	1) gewöhnlich vor **e, i, y** wie **d** mit folgendem stimmhaftem **sch** (wie **g** in Etage)	dʒ	**gin**	dʒin
	2) sonstwo wie **g** in **g**ut	g	**good**	gud
j	wie **d** mit folgendem schwachem **sch**-Laut	dʒ	**jam**	dʒæm
qu	wie **k** mit folgendem schwachem **u**-Laut	ku	**quick**	kuik
r	ganz anders als das deutsche **r**! Die Zunge ist ungefähr in der gleichen Stellung wie bei **g** in Genie, aber viel tiefer, und die Lippen sind in einer eher neutralen Stellung	r	**reserve**	risöhrw
s	1) zwischen Vokalen und am Wortende wie **s** in Rose	s	**please**	plies
	2) in den Buchstabengruppen -**si**- und -**su**- manchmal wie **g** in in Etage		**vision** **usual**	wiʒön juhʒöl
	2) sonstwo wie **ß** in Nuß	ss	**see**	ssie
sh	wie **sch** in **sch**ön	sch	**shut**	schöt
th	1) manchmal (besonders am Wortende) wie **s** in bis, aber mit Lispeln	θ	**berth**	böhrθ
	2) manchmal (besonders vor Vokal) wie **s** in Rose, aber mit Lispeln	ð	**this**	ðiss
v	wie **w** in **W**ein	w	**very**	wäri
w	wie ein schwacher **u**-Laut	u	**wash**	uasch

y	als Konsonant wie deutsches **j**	j	**yes**	jäss
z	wie **s** in Rose	s	**zoo**	suh

Vokale

a	1) vor Konsonanten außer **r** ein zwischen **a** und **ä** schwebender Laut	æ	**that**	ðæt
	2) mit folgendem **r** wie **ah** in f**ah**ren, aber mit hörbarem amerikanischem **r**	ah	**car**	kahr
	3) vor einem Konsonanten mit folgendem Vokal (besonders **e, i, y**) wie **ee** in S**ee** mit folgendem **j**-Laut	eej	**late**	leejt
e	1) vor Konsonanten wie **e** in b**e**ste	ä	**red**	räd
	2) vor einem Konsonanten mit folgendem Vokal oft wie **ie** in d**ie**ser	ie	**these**	ðies
i	1) vor Konsonanten wie **i** in b**i**tte	i	**this**	ðiss
	2) vor einem Konsonanten mit folgendem Vokal gewöhnlich wie wie **ei** in k**ei**n	ai	**line**	lâin
o	1) vor Konsonanten etwa wie **a** in h**a**t oder wie **o** in P**o**st	a o	**hot** **dog**	hat dog
	2) vor einem Konsonanten mit folgendem Vokal wie **oh** in **oh**ne	oo	**hotel**	hootäl
	3) vor **r** wie **oh**, aber mit etwas offenerem Mund und folgendem amerikanischem **r**	ohr	**pork**	pohrk

AUSSPRACHE

u	1) vor einem Konsonanten manchmal wie **u** in d**u**mm	u	**put**	put
	2) vor zwei Konsonanten, und manchmal vor einem, wie **ö** in tr**ö**sten	ö	**must**	mösst
	3) vor einem Konsonanten mit folgendem Vokal oft wie **ju** in **ju**beln	juh	**tune**	tjuhn
y	1) in einsilbigen Wörtern wie **ei** in m**ei**n	ai	**my**	mai
	2) sonstwo wie **ie** in t**ie**f	i	**very**	wäri

Laute, die mit mehreren Buchstaben geschrieben werden

ai, ay	wie **ä** in sp**ä**t mit folgendem **j**-Laut	eej	**may**	meej
aw	wie **oh** in **oh**ne, aber mit offenerem Mund	oh	**raw**	roh
ea, ee, (c)ei, ie	gewöhnlich wie **ie** in t**ie**f	ie	**leave**	liew
ew	wie **ju** in **ju**beln	juh	**few**	fjuh
igh	wie **ei** in m**ei**n	ai	**high**	hai
ir, er, ur	wie **öh** in L**öh**ne, aber mit gedehnten Lippen und folgendem amerikanischem r	öhr	**thirsty**	θöhrssti
oi, oy	wie **eu** in n**eu**	eu	**boy**	beu
oo	wie **uh** in K**uh**	uh	**room**	ruhm
ou, ow	wie **au** in H**au**s.	au	**now**	nau

Merke: Unbetonte Vokale werden oft wie ein flüchtiges **e** in bitt**e** ausgesprochen (in unserer Lautschrift ö).

Die ersten Worte

Ja.	**Yes.**	jäss
Nein.	**No.**	noo
Bitte.	**Please.**	plies
Danke.	**Thank you.**	θænk ju
Vielen Dank.	**Thank you very much.**	θænk ju wäri mötsch
Gern geschehen.	**You're welcome.**	johr uälköm

Begrüßung

Guten Morgen.	**Good morning.**	gud **mohrning**
Guten Tag.	**Good afternoon.**	gud **æftörnuhn**
Guten Abend.	**Good evening.**	gud **iewning**
Gute Nacht.	**Good night.**	gud **nait**
Auf Wiedersehen.	**Goodby.**	gudbai
Auf bald.	**See you later.**	ssie ju leejtör
Das ist Herr…	**This is Mr…**	ðiss is misstör
Das ist Frau…	**This is Mrs…**	ðiss is missis
Das ist Fräulein…	**This is Miss…**	ðiss is miss
Sehr erfreut.	**I'm very pleased to meet you.**	aim **wäri** pliesd tu miet ju
Wie geht es Ihnen?	**How are you?**	hau ahr ju
Sehr gut, danke.	**Very well, thank you.**	wäri uäl θænk ju
Und Ihnen?	**And you?**	ænd ju
Gut.	**Fine.**	fain
Verzeihung.	**Excuse me.**	iksskjuhs mi

Fragen

Wo?	**Where?**	uär
Wo ist…?	**Where is…?**	uär is
Wo sind…?	**Where are…?**	uär ahr
Wann?	**When?**	uän

Was?	**What?**	uat
Wie?	**How?**	hau
Wieviel?	**How much?**	hau mötsch
Wie viele?	**How many?**	hau mäni
Wer?	**Who?**	huh
Warum?	**Why?**	uai
Welcher/Welche/Welches?	**Which?**	uitsch
Wie heißt dies?	**What do you call this?**	uat du ju kohl ðiss
Wie heißt das?	**What do you call that?**	uat du ju kohl ðæt
Was bedeutet dies?	**What does this mean?**	uat dös ðiss mien
Was bedeutet das?	**What does that mean?**	uat dös ðæt mien

Sprechen Sie ... ?

Sprechen Sie Englisch?	**Do you speak English?**	du ju sspiek ingglisch
Sprechen Sie Deutsch?	**Do you speak German?**	du ju sspiek dʒöhrmön
Sprechen Sie Französisch?	**Do you speak French?**	du ju sspiek fräntsch
Sprechen Sie Spanisch?	**Do you speak Spanish?**	du ju sspiek sspænisch
Sprechen Sie Italienisch?	**Do you speak Italian?**	du ju sspiek itæljön
Könnten Sie bitte langsamer sprechen?	**Could you speak more slowly, please?**	kud ju sspiek mohr sslooli plies
Bitte zeigen Sie mir den Satz im Buch.	**Please point to the phrase in the book.**	plies peunt tu ðö freejs in ðö buk
Einen Augenblick, ich sehe mal nach, ob ich es in diesem Buch finde.	**Just a minute. I'll see if I can find it in this book.**	dʒösst ö minöt. ail ssie if ai kæn faind it in ðiss buk

DIE ERSTEN WORTE

| Ich verstehe. | **I understand.** | ai öndör**sstænd** |
| Ich verstehe nicht. | **I don't understand.** | ai doont öndör**sstænd** |

Kann...?

Kann ich...haben?	**Can I have...?**	kæn ai hæw
Können wir...haben?	**Can we have...?**	kæn ui hæw
Können Sie mir zeigen?	**Can you show me...?**	kæn ju schoo mi
Können Sie mir sagen...?	**Can you tell me...?**	kæn ju täl mi
Können Sie mir bitte helfen?	**Can you help me, me, please?**	kæn ju hälp mi plies

Wollen

Ich hätte gern...	**I'd like...**	aid laik
Wir hätten gern...	**We'd like...**	uied laik
Bitte geben Sie es mir.	**Give it to me, please.**	giw it tu mi plies
Bringen Sie mir bitte...	**Please bring me...**	plies bring mi
Bitte bringen Sie es mir.	**Bring it to me, please.**	bring it tu mi plies
Ich habe Hunger.	**I'm hungry.**	aim hönggri
Ich habe Durst.	**I'm thirsty.**	aim θöhrssti
Ich bin müde.	**I'm tired.**	aim taird
Ich habe mich verirrt.	**I'm lost.**	aim losst
Es ist wichtig.	**It's important.**	itss impohrtönt
Es ist dringend.	**It's urgent.**	itss öhrdʒönt
Beeilen Sie sich!	**Hurry up!**	hööri öp

Es ist/Dort ist...

Es ist...	**It is/It's...**	it is/itss
Ist es...?	**Is it...?**	is it
Es ist nicht...	**It isn't...**	it isönt

DIE ERSTEN WORTE

Es gibt…	There is/There are…	ðär is/ðär ahr
Gibt es…?	Is there/Are there…?	is ðär/ahr ðär
Es gibt keinen/ Es gibt keine/ Es gibt kein…	There isn't/ There aren't…	ðär isönt/ðär ahrnt
Es gibt keinen/ Es gibt keine/ Es gibt keins.	There isn't any/ There aren't any.	ðär isönt äni/ ðär ahrnt äni

Mengen

groß/klein	**big/small**	big/ssmohl
schnell/langsam	**quick/slow**	kuik/ssloo
früh/spät	**early/late**	öhrli/leejt
billig/teuer	**cheap/expensive**	tschiep/iksspänssiw
nah/weit	**near/far**	nier/fahr
heiß/kalt	**hot/cold**	hat/koold
voll/leer	**full/empty**	ful/ämpti
leicht/schwierig	**easy/difficult**	iesi/difikölt
schwer/leicht	**heavy/light**	häwi/lait
offen/geschlossen	**open/shut**	oopön/schöt
richtig/falsch	**right/wrong**	rait/rohng
alt/neu	**old/new**	oold/nuh
alt/jung	**old/young**	oold/jöng
schön/häßlich	**beautiful/ugly**	bjuhtiföl/ögli
gut/schlecht	**good/bad**	gud/bæd
besser/schlechter	**better/worse**	bätör/uöhrss

Verhältniswörter… und noch ein paar nützliche Wörter

an	**at**	æt
auf	**on**	an
in	**in**	in
zu	**to**	tu

von	**from**	fröm
drinnen	**inside**	inssaid
draußen	**outside**	autssaid
hinauf	**up**	öp
hinunter	**down**	daun
vor	**before**	bifohr
nach	**after**	æftör
mit	**with**	uið
ohne	**without**	uiðaut
durch	**through**	θruh
gegen	**towards**	tohrds
bis	**until**	öntil
während	**during**	duhring
und	**and**	ænd
oder	**or**	ohr
nicht	**not**	nat
nichts	**nothing**	nöθing
kein	**none**	nön
sehr	**very**	wäri
auch	**also**	ohlssoo
bald	**soon**	ssuhn
vielleicht	**perhaps**	pörhæpss
hier	**here**	hier
dort	**there**	ðär
jetzt	**now**	nau
dann	**then**	ðæn

DIE ERSTEN WORTE

Kurzgrammatik

Sie finden hier eine kurzgefaßte englische Grammatik. Es sind hier nur wenige Verbformen angegeben, nämlich Infinitiv, Imperativ und Präsens – die Formen, die Sie auf Ihrer Reise wahrscheinlich am häufigsten brauchen werden. Am besten läßt sich die Sprache jedoch durch Hören und Üben lernen. Dazu werden Sie viel Gelegenheit haben, wenn Sie von den Wendungen in diesem Buch Gebrauch machen.

Artikel

Der unbestimmte Artikel hat zwei Formen: *a* wird vor einem Konsonanten gebraucht und *an* vor einem Vokal oder einem stummen *h*.

a coat	ein Mantel
an umbrella	ein Schirm
an hour	eine Stunde

Der bestimmte Artikel hat nur eine Form: *the*.

the room, the rooms	das Zimmer, die Zimmer

Some drückt eine unbestimmte Menge oder Anzahl aus. In diesem Sinne entspricht es dem Deutschen «etwas, einige, ein paar».

I'd like some coffee, please.	Ich möchte etwas Kaffee, bitte.
Please bring me some cigarettes.	Bitte bringen Sie mir einige Zigaretten.

Any wird anstelle von *some* in negativen Aussagen und in vielen Arten von Fragen gebraucht.

There isn't any soap.	Es gibt keine Seife.
Do you have any stamps?	Haben Sie Briefmarken?
Is there any mail for me?	Ist Post für mich da?

Substantiv

Der **Plural** der meisten Substantive wird durch Anhängen von *-(e)s* an den Singular gebildet.

cup – cups	Tasse – Tassen
dress – dresses	Kleid – Kleider

Merke: Wenn ein Substantiv mit *-y* aufhört und ein Konsonant vorangeht, so ist die Pluralendung *-ies;* wenn dem *-y* jedoch ein Vokal vorangeht, wird der Plural normal gebildet.

lady – ladies	Dame – Damen
key – keys	Schlüssel – Schlüssel

Folgende Substantive bilden einen unregelmäßigen Plural:

man – men	Mann – Männer
woman – women	Frau – Frauen
child – children	Kind – Kinder
foot – feet	Fuß – Füsse
tooth – teeth	Zahn – Zähne

Genitiv

1. Bei Personen: wenn das Substantiv nicht mit *-s* endet, wird *'s* angefügt.

the boy's room	das Zimmer des Jungen
Anne's dress	Annas Kleid
the children's clothes	die Kleider der Kinder

Endet das Substantiv mit *-s*, wird nur ein Apostroph (') angehängt.

the boys' rooms	die Zimmer der Jungen

2. Bei Gegenständen wird die Präposition *of* gebraucht.

the key of the door	der Schlüssel der Tür

This/that (deutsch: dies/das)

This (Plural *these*) bezieht sich auf etwas zeitlich oder örtlich Nahes; *that* (Plural *those*) bezieht sich auf etwas weiter entfernt Liegendes.

Is this seat taken?	Ist dieser Platz besetzt?
That's my seat.	Das ist mein Platz.
Those aren't my suitcases.	Das sind nicht meine Koffer.

Adjektiv

Die Adjektive stehen normalerweise vor dem Substantiv.

a large brown suitcase	ein großer brauner Koffer

Steigerungsformen

Die Steigerungsformen von Adjektiven können auf zwei Arten gebildet werden.

1. Alle einsilbigen und viele zweisilbige Adjektive erhalten -*(e)r* und -*(e)st* angefügt.

small — smaller — smallest
klein — kleiner — kleinst

pretty — prettier — prettiest*
hübsch — hübscher — am hübschesten

2. Adjektive mit drei oder mehr Silben und einige zweisilbige Adjektive (z.B. solche mit der Nachsilbe -*ful* oder -*less*) bilden die Steigerungsformen mit Hilfe von *more* und *most*.

expensive (teuer) — **more expensive** — **most expensive**
careful (vorsichtig) — **more careful** — **most careful**

Die folgenden Adjektive sind unregelmäßig:

good	better	best
bad	worse	worst
little	less	least
much \} many \}	more	most

Pronomen

	Subjekt	Objekt	Possessiv 1	2
Singular				
1. Person	I	me	my	mine
2. Person	you	you	your	yours
3. Person (m)	he	him	his	his
(f)	she	her	her	hers
(n)	it	it	its	—
Plural				
1. Person	we	us	our	ours
2. Person	you	you	your	yours
3. Person	they	them	their	theirs

* *y* wird zu *i*, wenn ein Konsonant vorangeht.

Merke: Im Englischen wird zwischen «du» und «Sie» kein Unterschied gemacht, es gibt nur die Form *you*. Die Objektformen werden auch als indirektes Objekt und vor Präpositionen gebraucht:

Give it to me.	Geben Sie es mir.
He came with you.	Er kam mit Ihnen.

Possessiv-Form 1 wird vor Substantiven gebraucht; Form 2 steht allein.

Where's my key?	Wo ist mein Schlüssel?
That's not mine.	Das ist nicht meiner.

Hilfsverben

Die Hilfsverben spielen eine wichtige Rolle in der englischen Grammatik. Lernen Sie das Präsens der drei folgenden:

a) **to be** (sein)

Vollständige Form	Kurzform	Negativ-Kurzformen	
I am	I'm		I'm not
you are	you're	you're not	you aren't
he is	he's	he's not	he isn't
she is	she's	she's not	she isn't
it is	it's	it's not	it isn't
we are	we're	we're not	we aren't
they are	they're	they're not	they aren't

Fragend: **Am I? Is he?** usw.

Merke: In der Umgangssprache werden fast ausschließlich die Kurzformen gebraucht.

Das Englische besitzt zwei Formen für das deutsche «es gibt»: *there is (there's)* vor einem Substantiv im Singular, *there are* vor einem Substantiv im Plural.

Negativ:	**There isn't - There aren't**
Interrogativ:	**Is there? - Are there?**

b) **to have** (haben)

	Kurzform		Kurzform
I have	I've	it has	it's
you have	you've	we have	we've
he/she has	he's/she's	they have	they've

Negativ: I have not (haven't)
Interrogativ: **Have you? – Has he?**

c) **to do** (tun, machen)
I do, you do, he/she/it does, we do, they do
Negativ: I do not (I don't) – He does not (he doesn't)
Interrogativ: **Do you? – Does he?**

Alle Hilfsverben folgen demselben Schema:

1. Sie bilden den Negativ mit *not*.
2. Die Fragestellung erfolgt durch Inversion (zuerst das Verb, dann das Subjekt).

Andere Verben

Präsens: Die Infinitivform wird für alle Personen außer der 3. Person Singular gebraucht. Diese wird durch Anhängen von *-(e)s* an den Infinitiv gebildet.

	(to) speak	(to) come	(to) go
I	speak	come	go
you	speak	come	go
he/she	speaks	comes	goes
we	speak	come	go
they	speak	come	go

Die negative Form wird durch das Hilfsverb DO (DOES) + NOT + INFINITIV gebildet.

We do not (don't) like this hotel.
Wir mögen dieses Hotel nicht.

Fragen werden mit dem Hilfsverb DO (DOES) + SUBJEKT + INFINITIV gebildet.

Do you like her?   Gefällt sie Ihnen?

Präsens Verlaufsform

Diese Form gibt es im Deutschen nicht. Sie wird gebildet durch die entsprechende Form des Verbes *to be* + Partizip Präsens. Das Partizip Präsens wird durch Anhängen von *-ing* an den Infinitiv gebildet (ein *-e* am Ende des Verbs wird weggelassen). Die Verlaufsform kann nur mit bestimmten Verben verwendet werden, da sie ausdrückt, daß man gerade bei einer Beschäftigung ist oder daß ein Geschehen noch andauert, während man spricht.

Da *to be* ein Hilfsverb ist, werden die Negative mit *not* gebildet und die Frageformen durch Inversion von Subjekt und Verb.

What are you doing?	Was machen Sie? (jetzt, in diesem Augenblick)
I'm writing a letter.	Ich schreibe gerade einen Brief.

Imperativ

Der Imperativ (Singular und Plural) hat dieselbe Form wie der Infinitiv (ohne *to*). Der negative Imperativ wird mit *don't* gebildet.

Please bring me some water.	Bringen Sie mir bitte etwas Wasser.
Don't be late.	Kommen Sie nicht zu spät.

Adverbien

Zahlreiche Adverbien werden gebildet, indem man dem Adjektiv *-ly* anhängt.

quick – quickly	schnell
slow – slowly	langsam

Merke:

good – well	gut
fast – fast	rasch

Ankunft

Nach der Landung – ob Sie nun mit dem Schiff oder dem Flugzeug gekommen sind – müssen Sie zuerst Paßkontrolle und Zollformalitäten über sich ergehen lassen. Bestimmt haben Sie an Bord ein Zollerklärungsformular erhalten. Füllen Sie es schon vor der Landung aus, das erspart Ihnen Zeit bei der Ankunft (Formalitäten für Autofahrer siehe Seite 146).

Sollten Sie bei der Paß- und Zollkontrolle Sprachschwierigkeiten haben, wenden Sie sich an einen der mehrsprachigen Beamten des *U.S. Travel Service* (Reisedienst der USA), der auf jedem großen internationalen Flughafen der USA vertreten ist.

Paßkontrolle

Hier ist mein Paß.	**Here's my passport.**	hiers mai **pæss**pohrt
Ich bleibe...	**I'll be staying...**	ail bie **ssteej**ing
einige Tage	**a few days**	ö fjuh deejs
eine Woche	**a week**	ö uiek
zwei Wochen	**two weeks**	tuh uiekss
einen Monat	**a month**	ö mönθ
Ich weiß es noch nicht.	**I don't know yet.**	ai doont noo jät
Ich bin auf Urlaub hier.	**I'm here on vacation.**	aim hier an wö**keej**schön
Ich bin auf Geschäftsreise.	**I'm here on business.**	aim hier an **bis**nöss
Ich bin nur auf der Durchreise.	**I'm just passing through.**	aim dʒösst **pæss**ing θruh

Sollte es Schwierigkeiten geben:

Es tut mir leid, ich verstehe nicht.	**I'm sorry, I don't understand.**	aim **ssa**ri ai doont öndörs**sstænd**
Spricht hier jemand Deutsch?	**Is there anyone here who speaks German?**	is ðär äniuön hier huh sspieks **dʒöhr**mön

Zoll

Folgende Tabak- und Alkoholmengen dürfen Sie zollfrei mitführen (wenn Sie 21 Jahre alt sind) bzw. mit nach Hause nehmen:

nach:	Zigaretten	Zigarren	Tabak	Spirituosen	Wein
USA Kanada	200 oder 200 und	50 oder 50 und	1350 g 900 g	1 l oder 1,1 l oder	1 l 1,1 l
BRD Österreich Schweiz	200 oder	50 oder	250 g	1 l und	2 l

Pflanzen und Lebensmittel unterliegen strengen Kontrollen: Obst, Gemüse und Fleisch dürfen nicht eingeführt werden. Das gleiche gilt für Schokolade, die mit Likör gefüllt ist.

Ich habe nichts zu verzollen.	I've nothing to declare.	aiw nöθing tu diklär
Ich habe eine…	I've a…	aiw ö
Stange Zigaretten	carton of cigarettes	kahrtön öw ssigörätss
Flasche Whisky	bottle of whiskey	batöl öw uisski
Flasche Wein	bottle of wine	batöl öw uain
Muß ich dies verzollen?	Do I have to pay on this?	du ai hæw tu peej an ðiss
Wieviel macht es?	How much?	hau mötsch
Es ist für persönlichen Gebrauch.	It's for my personal use.	itss fohr mai pöhrssönöl juhss
Es ist nicht neu.	It's not new.	itss nat nuh

ANKUNFT

Your passport, please.	Ihren Paß, bitte.
Do you have anything to declare?	Haben Sie etwas zu verzollen?
Please open this bag.	Bitte öffnen Sie diese Tasche.
You'll have to pay duty on this.	Dies müssen Sie verzollen.
Do you have any more luggage?	Haben Sie noch mehr Gepäck?

Gepäck – Gepäckträger

Ein Gepäckträger kann Ihr Gepäck für Sie zum Zoll bringen. Ein anderer Gepäckträger – auf Flughäfen heißen sie häufig *skycaps* – wird es nach der Zollabfertigung übernehmen. Merken Sie sich seine Nummer.

Gepäckträger!	Porter!	pohrtör
Bitte nehmen Sie diese Taschen.	Please take these bags.	plies teejk ðies bægs
Das gehört mir.	That's mine.	ðætss main
Dieser/Diese...	That ... one.	ðæt... uön
große/kleine	big/small	big/ssmohl
blaue/braune	blue/brown	bluh/braun
schwarze/karierte	black/plaid	blæk/plæd
Es fehlt ein Gepäckstück.	There's one piece missing.	ðärs uön piess missing
Bringen Sie diese Taschen zum...	Take these bags to the...	teejk ðies bægs tu ðö
Bus	bus	böss
Gepäckschließfach	luggage lockers	lögidʒ lakörs
Taxi	cab	kæb
Wieviel kostet das?	How much is that?	hau mötsch is ðæt

Geldwechsel

Auf den meisten internationalen Flughäfen finden Sie eine Bankzweigstelle. Falls sie geschlossen ist, können Sie vielleicht auch in Ihrem Hotel Geld wechseln. Allerdings ist das Wechseln europäischer Währungen und Einlösen ausländischer Schecks in den Vereinigten Staaten – selbst in Banken und sogar in New York – nicht sehr gebräuchlich. Deshalb bringen Sie am besten Dollar-Reiseschecks oder eine internationale Kreditkarte mit.

Wenn Sie Reiseschecks in Dollar einwechseln, verlangen Sie $20-Noten, die überall akzeptiert werden, und lassen Sie sich auch etwas Kleingeld geben.

Wo ist die nächste Wechselstube?	**Where's the nearest currency exchange?**	uärs ðö nierösst kööronssi äksstscheejnd₃
Können Sie diese Reiseschecks einlösen?	**Can you cash these traveler's checks?**	kæn ju kæsch ðies træwlörs tschäkss
Ich möchte einige... wechseln.	**I want to change some...**	ai uant tu tscheejnd₃ ssöm
DM	**German marks**	d₃öhrmön mahrkss
Schilling	**Austrian shillings**	ohsstriön schilings
Schweizer Franken	**Swiss francs**	ssuiss frænkss
Können Sie dies in Dollar umwechseln?	**Can you change this into dollars?**	kæn ju tscheejnd₃ ðiss intu dalörs
Wie steht der Wechselkurs?	**What's the exchange rate?**	uatss ði äksstscheejnd₃ reejt

Wo/Wohin?

Wie komme ich zum/nach...?	**How do I get to...?**	hau du ai gät tu
Wo ist der Bus zum Stadtzentrum?	**Where's the bus going downtown?**	uärs ðö böss gooing dauntaun
Wo finde ich ein Taxi?	**Where can I get a cab?**	uär kæn ai gät ö kæb
Wo kann ich einen Wagen mieten?	**Where can I rent a car?**	uär kæn ai ränt ö kahr

BANK – WÄHRUNG, Seite 134

Autovermietung

Eine der internationalen Kreditkarten ist zum Automieten fast unerläßlich; viele Firmen vermieten sonst nicht oder nur gegen hohe Kaution. Das gilt besonders für Kunden, die noch nicht 21 Jahre alt sind. Einige Verleiher gewähren ausländischen Touristen 10% Rabatt, und fast alle bieten Wochenendtarife, Pauschalen mit unbegrenzter Kilometerzahl oder die Möglichkeit, den Wagen an einem anderen Ort wieder abzugeben.

Ich möchte einen Wagen mieten.	**I'd like to rent a car.**	aid laik tu ränt ö kahr
kleinen Wagen	**small car**	ssmohl kahr
großen Wagen	**large car**	lahrdʒ kahr
Sportwagen	**sports car**	sspohrtss kahr
Ich möchte ihn für...	**I'd like it for...**	aid laik it fohr
einen Tag/vier Tage	**a day/four days**	ö deej/fohr deejs
eine Woche/zwei Wochen	**a week/two weeks**	ö uiek/tuh uiekss
Wieviel kostet es pro...	**What's the charge per...**	uatsʿ ðö tschahrdʒ pör
Tag/Woche	**day/week**	deej/uiek
Ist das Meilengeld inbegriffen?	**Does that include mileage?**	dös ðæt inkluhd mailidʒ
Wieviel kostet es pro Meile?	**What's the charge per mile?**	uatss ðö tschahrdʒ pör mail
Ist Benzin inbegriffen?	**Is gas included?**	is gæss inkluhdöd
Ich möchte Vollkasko.	**I want full insurance.**	ai uant ful inschurönss
Wieviel muß ich hinterlegen?	**What's the deposit?**	uatss ðö dipasöt
Ich habe eine Kreditkarte.	**I've a credit card.**	aiw ö krädöt kahrd
Hier ist mein Führerschein.	**Here's my driver's license.**	hiers mai **draiwörs laissönss**
Ich bin Ausländer. Bekomme ich 10% Rabatt?	**I'm a foreigner. Do you grant a 10% discount?**	aim ö **fohr**önör. du ju grænt ö tän pör**ssänt disskaunt**

BESICHTIGUNGEN, Seite 75

Merke: In den USA können Sie mit Ihrem eigenen Führerschein fahren. Ein internationaler Führerschein könnte Ihnen jedoch auch zustatten kommen.

Taxi

Taxis warten überall an Flughäfen, Bahnhöfen oder Busbahnhöfen. Wenn Sie bei Ihrer Ankunft in den USA vom Flughafen aus ein Taxi in die Stadt nehmen wollen, dann sollten Sie einige kleinere Dollarscheine in der Tasche haben, größeres Geld wechseln die Fahrer wahrscheinlich nicht.

Wo finde ich ein Taxi?	**Where can I get a cab?**	uär kæn ai gät ö kæb
Bitte besorgen Sie mir ein Taxi.	**Please get me a cab.**	plies gät mi ö kæb
Was kostet es zum/nach...?	**What's the fare to...?**	uatss ðö fär tu
Wie weit ist es zum/nach...?	**How far is it to...?**	hau fahr is it tu
Bringen Sie mich...	**Take me...**	teejk mi
zu dieser Adresse	**to this address**	tu ðiss ödräss
ins Stadtzentrum	**downtown**	dauntaun
zum Hotel...	**to the ... Hotel**	tu ðö ... hootäl
Biegen Sie an der nächsten Ecke... ab.	**Turn... at the next corner.**	töhrn ... æt ðö näksst kohrnör
links/rechts	**left/right**	läft/rait
Fahren Sie geradeaus.	**Go straight ahead.**	goo sstreejt öhäd
Halten Sie hier, bitte.	**Please stop here.**	plies sstap hier
Ich habe es eilig.	**I'm in a hurry.**	aim in ö **höhri**
Würden Sie bitte langsamer fahren?	**Could you drive more slowly?**	kud ju draiw mohr sslooli
Würden Sie mir bitte mit dem Gepäck helfen?	**Could you help me carry my bags?**	kud ju hälp mi **kæri** mai bægs

TRINKGELD, Seite 1

ANKUNFT

Hotel - Unterkunft

Hotel (hootäl). Einige Hoteldienste und große Hotelketten haben besondere Telephonverbindungen, über die Sie kostenlos im ganzen Land reservieren lassen können. In anderen Hotels wiederum wird der Empfangschef unentgeltlich ein Zimmer an Ihrem nächsten Aufenthaltsort buchen lassen. In einem Hotelzimmer in den USA finden Sie normalerweise zwei Betten, mindestens ein Telephon, ein geräumiges Bad, ein Fernsehgerät, Heizungs- und Klimaanlage, einen Wandschrank, Schreibmaterial, mehrere Steckdosen, Trinkwasser (manchmal geeist), einen Flaschenöffner und eine Bibel. Außer in Kurorten sind Mahlzeiten im Preis des Hotelzimmers nicht inbegriffen. Eine offizielle Klassifizierung der Hotels gibt es nicht.

Motel (mootäl). Motels – aus *motor* und *hotel* entstanden – sind eine amerikanische Erfindung und für Autofahrer bequem und preiswert. Oft werden sie auch *motor inns, motor lodges* oder *motor hotels* genannt. Ein Motel ist gewöhnlich ein langes, einstöckiges Gebäude, das etwas außerhalb der Stadt liegt. Ein Neonleuchtzeichen zeigt entweder *vacancy* (Zimmer frei) oder *no vacancy* (besetzt) an. Sie fahren einfach vor, zahlen im voraus und tragen Ihr Gepäck in Ihr Zimmer. In vielen Motels finden Sie weder Restaurant, Gepäckträger noch Zimmertelephon, dafür aber häufig ein Schwimmbad, einen Spielplatz, einen Hundezwinger und andere zusätzliche Einrichtungen, die den Aufenthalt in einem Motel angenehm und unkompliziert machen.

Tourist homes, farms, ranches (**tuh**rösst hooms, fahrms, **ræn**tschös). Wenn Sie Nebenstraßen benutzen, die durch kleinere Städte führen, können Sie in großen alten Privathäusern Unterkunft finden. Die Zimmer sind im allgemeinen einfach, aber sauber. Meistens ist auch ein Badezimmer vorhanden.

Youth hostels (juhθ **hass**töls). In den USA gibt es nur ungefähr 100 Jugendherbergen, und kaum welche in größeren Städten. Sie brauchen einen Jugendherbergsausweis, den Sie an Ort und Stelle erhalten können, wenn Sie nicht schon Mitglied sind. Ehepaare mit Kindern werden ebenfalls aufgenommen. Die Unterkünfte sind einfach, eine Gemeinschaftsküche steht zur Verfügung.

YMCA/YWCA (uai-äm-ssie-eej/uai-**dö**böljuh-ssie-eej). In den meisten Städten finden Sie preiswerte – nach Geschlechtern getrennte – Unterkunft in den Gebäuden des *YMCA* (*Young Men's Christian Association* – Christlicher Verein Junger Männer) und des *YWCA* (*Young Women's Christian Association* – Christlicher Verein Junger Frauen). Übernachtungsgästen stehen Schwimmbecken, Turnhalle und andere Freizeiteinrichtungen zur Verfügung.

Studenten und junge Leute finden auch billige Unterkünfte während der Semesterferien in den Wohnheimen der Universitäten und durch örtliche Studentenorganisationen.

Auf den nächsten Seiten wollen wir nacheinander Ihre Wünsche von der Ankunft bis zur Abfahrt berücksichtigen. Sie brauchen nicht alles durchzulesen; suchen Sie sich jeweils die passende Stelle aus.

Anmeldung - Empfang

Ich heiße...	**My name is...**	mai neejm is
Ich habe reservieren lassen.	**I've a reservation.**	aiw ö räsörweejschön
Wir haben zwei Zimmer reservieren lassen.	**We've reserved two rooms.**	uiew ris**öh**rwd tuh ruhms
Ich habe Ihnen im letzten Monat geschrieben.	**I wrote to you last month.**	ai root tu ju læsst mönθ
Hier ist die Bestätigung.	**Here's the confirmation.**	hiers dö kanför**meej**schön

HOTEL – UNTERKUNFT

Ich möchte...	I'd like...	aid laik
ein Einzelzimmer	a single room	ö ssinggöl ruhm
ein Doppelzimmer	a double room	ö döböl ruhm
ein Zimmer mit...	a room with...	ö ruhm uið
zwei Betten	twin beds	tuin bäds
Bad	a bath	ö bæθ
Dusche	a shower	ö schauör
Balkon	a balcony	ö bælköni
schönem Ausblick	a view	ö wjuh
Wir möchten ein Zimmer...	We'd like a room...	uied laik ö ruhm
nach vorn	in the front	in ðö frönt
nach hinten	at the back	æt ðö bæk
mit Blick aufs Meer	facing the ocean	feejssing ði ooschön
Es muß ruhig sein.	It must be quiet.	it mösst bie **kuai**öt
Gibt es...?	Is there...?	is där
Klimaanlage	air conditioning	är köndischöning
Heizung	heating	hieting
Radio/Fernsehen im Zimmer	a radio/television in the room	ö reejdioo/tälöwiʒön in ðö ruhm
eine Wäscherei	laundry service	lohndri ssöhrwöss
Zimmerbedienung	room service	ruhm ssöhrwöss
eine eigene Toilette	a private toilet	ö praiwöt teulöt

Wieviel?

Wieviel kostet es...?	**What's the price...?**	uatss ðö praiss
pro Woche	**per week**	pör uiek
pro Nacht	**per night**	pör nait
für Zimmer und Frühstück	**for bed and breakfast**	fohr bäd ænd **bräk**fösst
für Zimmer ohne Frühstück	European plan	jurö**pie**ön plæn
für Vollpension	**American plan**	ö**mä**rökön plæn
für Halbpension	**modified American plan**	ma**dö**faid ö**mä**rökön plæn
Ist die Umsatzsteuer inbegriffen?	**Does that include sales tax?**	döss ðæt in**kluhd** sseejls tæx
Gibt es eine Ermäßigung für Kinder?	**Is there any reduction for children?**	is där äni ri**dök**schön fohr **tschil**drön
Haben Sie nichts Billigeres?	**Haven't you anything cheaper?**	**hæ**wönt ju **ä**niθing **tschie**pör

ZAHLEN, Seite 175

Wie lange?

Wir bleiben...	**We'll be staying...**	uiel bie ssteejing
nur eine Nacht	**overnight only**	oowörnait oonli
ein paar Tage	**a few days**	ö fjuh deejs
eine Woche (mindestens)	**a week (at least)**	ö uiek (æt liesst)
Ich weiß noch nicht.	**I don't know yet.**	ai doont noo jät
Kann ich das Zimmer sehen?	**May I see the room?**	meej ai ssie ðö ruhm

Entscheidung

Nein, es gefällt mir nicht.	**No, I don't like it.**	noo ai doont laik it
Es ist zu...	**It's too...**	itss tuh
kalt/warm	**cold/hot**	koold/hat
dunkel/klein	**dark/small**	dahrk/ssmohl
laut	**noisy**	neusi
Ich habe ein Zimmer mit Bad bestellt.	**I asked for a room with a bath.**	ai æsskt fohr ö ruhm uið ö bæθ
Haben Sie etwas...?	**Do you have anything...?**	du ju hæw äniθing
Besseres/Größeres Billigeres/Ruhigeres	**better/bigger cheaper/quieter**	bätör/bigör tschiepör/kuaiötör
Haben Sie ein Zimmer mit einer schöneren Aussicht?	**Do you have a room with a better view?**	du ju hæw ö ruhm uið ö bätör wjuh
Sehr gut. Ich nehme es.	**That's fine. I'll take it.**	ðætss fain. ail teejk it

Rechnungen

In Hotels wird meist wöchentlich bezahlt oder, falls Sie weniger als eine Woche bleiben, bei der Abreise. In Motels jedoch zahlen Sie immer im voraus. Sowohl Hotels als auch Motels gewähren eine Ermäßigung für Kinder; manchmal wird unentgeltlich ein weiteres Bett oder ein Kinderbett in Ihr Zimmer gestellt.

WOCHENTAGE, Seite 181

Trinkgeld

In Amerika wird kein Bedienungsgeld auf die Hotelrechnung gesetzt. Hingegen wird oft eine zusätzliche städtische oder staatliche Steuer – oder beides – erhoben.

Geben Sie dem Gepäckträger etwas, wenn er die Koffer in Ihr Zimmer bringt, und dem Hoteldiener, wenn er Botengänge für Sie macht. Die anderen Trinkgelder geben Sie bei der Abreise.

Anmeldung

Bei der Ankunft im Hotel oder Motel wird man Sie bitten, ein Anmeldeformular *(registration form)* auszufüllen oder sich im Fremdenbuch einzutragen; oft genügen lediglich Name und Heimatadresse. Die Anmeldeformulare sind weniger offiziell als in Europa und meist nur in englischer Sprache abgefaßt. Falls Sie nicht alles verstehen, fragen Sie den Empfangschef *(desk clerk*–dässk klöhrk):

| Was bedeutet das? | **What does this mean?** | uat dös õiss mien |

Sehr wahrscheinlich müssen Sie weder Ihren Paß noch sonst einen Ausweis vorlegen, denn Formalitäten sind in den USA nicht üblich. Der Empfangschef sagt vielleicht:

Would you mind filling in this registration form? — Würden Sie bitte dieses Anmeldeformular ausfüllen?

Please sign here. — Bitte unterschreiben Sie hier.

How long will you be staying? — Wie lange bleiben Sie?

| Welche Zimmernummer habe ich? | **What's my room number?** | uatss mai ruhm nömbör |
| Würden Sie unser Gepäck hinaufbringen lassen? | **Will you have our bags sent up?** | uil ju hæw aur bægs ssänt öp |

TRINKGELD, Seite 1

Bedienung bitte!

Direktor	**manager**	mænödjör
Hausdiener	**porter**	pohrtör
Hotelpage	**bellboy**	bälbeu
Kellner	**waiter**	ueejtör
Kellnerin	**waitress**	ueejtröss
Telephonistin	**switchboard operator**	ssuitschbohrd apöreejtör
Zimmerkellner	**room service**	ruhm ssöhrwöss
Zimmermädchen	**maid**	meejd

Wenn Sie Bedienung wünschen, rufen Sie *miss* (miss–Fräulein) oder *m'am* (mæm), wenn die Kellnerin schon älter ist. Diese Anreden werden jedoch weit weniger häufig gebraucht als im Deutschen. Ein höfliches *excuse me* (iksk**skjuhs** mi–Verzeihung) genügt, um das Gewünschte zu verlangen. Brauchen Sie nie die Anrede *sir* (Herr), wenn Sie sich an einen männlichen Angestellten wenden. Rufen Sie ihn *waiter, porter* usw., je nach seiner Funktion.

Allgemeine Fragen

Wer ist da?	**Who is it?**	huh is it
Einen Augenblick!	**Just a minute.**	djösst ö minöt
Herein!	**Come in!**	köm in
Die Tür ist offen.	**The door's open.**	ðö dohrs oopön
Gibt es in diesem Stockwerk ein Badezimmer?	**Is there a bath on this floor?**	is ðär ö bæθ an ðiss flohr
Wo ist die Steckdose für den Rasierapparat?	**Where's the plug for the shaver?**	uärs ðö plög fohr ðö scheejwör
Können wir in unserem Zimmer frühstücken?	**Can we have breakfast in our room?**	kæn ui hæw bräkfösst in aur ruhm
Ich möchte das in Ihrem Safe hinterlegen.	**I'd like to leave this in your safe.**	aid laik tu liew ðiss in johr sseejf
Würden Sie mir bitte einen Babysitter besorgen?	**Can you find me a babysitter?**	kæn ju faind mi ö beejbissitör

Kann ich…haben?	**May I have…?**	meej ai hæw
Aschenbecher	**an ashtray**	ön æschtreej
Badetuch	**a bath towel**	ö bæθ tauöl
Briefumschläge	**some envelopes**	ssöm änwöloopss
Eiswürfel	**some ice cubes**	ssöm aiss kjuhbs
Leselampe	**a reading lamp**	ö rieding læmp
mehr Kleiderbügel	**more hangers**	mohr hænggörs
noch ein Kopfkissen	**an extra pillow**	ön äksströ piloo
Schreibpapier	**some writing paper**	ssöm raiting peejpör
Seife	**some soap**	ssöm ssoop
zusätzliche Decke	**an extra blanket**	ön äksströ blænköt

Wo ist…?	**Where's the…?**	uärs ðö
Fernsehraum	**television room**	tälöwiʒön rzhm
Herrenfriseur	**barber shop**	bahrbör schap
Restaurant	**restaurant**	rässtorönt
Schönheitssalon	**beauty salon**	bjuhti ssölan
Speisesaal	**dining room**	daining ruhm
Toilette	**restroom**	rässtruhm

Frühstück

Ein amerikanisches Frühstück (*breakfast* – **bräk**föst) besteht aus Fruchtsaft, Spiegeleiern mit Schinken, Speck oder Schweinswürstchen, gebuttertem Toast und Kaffee, und wenn es besonders reichhaltig ist, gibt es außerdem noch Pfannkuchen oder heiße Waffeln mit Butter und Mais- oder Ahornsirup.

Ich möchte…	**I'll have…**	ail hæw
Eier	**some eggs**	ssöm ägs
gekochtes Ei	**boiled egg**	beuld äg
Rühreier	**scrambled eggs**	sskræmböld ägs
Spiegeleier*	**fried eggs**	fraid ägs
Fruchtsaft	**some fruit juice**	ssöm fruht dʒuhss
Pampelmuse/Apfelsine	**grapefruit/orange**	greejpfruht/ohröndʒ
Ananas/Tomate	**pineapple/tomato**	painæpöl/tömeejtoo
Getreideflocken	**some cereal**	ssöm ssieriöl
heiß/kalt	**hot/cold**	hat/koold

* Man wird Sie fragen, wie Sie Ihr Spiegelei zubereitet haben möchten, ob *sunny side up* (**ssö**ni said öp–Eigelb oben), *over* (**oo**wör–beidseitig gebraten) oder *over up* (**oo**wör öp–rasch beidseitig gebraten, so daß das Eigelb ganz bleibt).

Joghurt	some yoghurt	ssöm joogört
Kaffeegebäck	some Danish pastry/ sweet rolls	ssöm deejnisch peejsstri/ ssuiet rools
Krapfen	some donuts	ssöm doonötss
Marmelade	some jam	ssöm dʒæm
Omelett	an omelet	ön amlöt
Pfannkuchen	some pancakes	ssöm pænkeejkss
Spiegeleier mit Schinken	some ham and eggs	ssöm hæm ænd ägs
Spiegeleier mit Speck	some bacon and eggs	ssöm beejkön ænd ägs
Toast	some toast	ssöm toosst
Waffeln	some waffles	ssöm uaföls
Kann ich... haben?	May I have some...?	meej ai hæw ssöm
Kaffee/Tee	coffee/tea	kofi/tie
Kakao	chocolate	tschaklöt
heiße/kalte Milch	hot/cold milk	hat/koold milk
heißes Wasser	hot water	hat uatör
Sahne/Zucker	cream/sugar	kriem/schugör
Butter	butter	bötör
Honig	honey	höni
Salz/Pfeffer	salt/pepper	ssohlt/päpör
Zitrone	lemon	lämön
Würden Sie mir bitte... bringen?	Could you bring me a...?	kud ju bring mi ö
Teller	plate	pleejt
Tasse	cup	köp
Glas	glass	glæss
Messer	knife	naif
Gabel	fork	fohrk
Löffel	spoon	sspuhn

Schwierigkeiten

Der/Die/Das... funktioniert nicht.	The... doesn't work.	öö ... dösönt uöhrk
Heizung	heating	hieting
Klimaanlage	air-conditioner	är köndischönör
Kühlschrank	refrigerator	rifridʒöreejtör
Licht	light	lait
Lüftungsanlage	ventilator	wäntöleejtör
Radio/Fernsehen	radio/television	reejdioo/tälöwiʒön
Toilette	toilet	teulöt
Ventilator	fan	fæn
Wasserhahn	tap	tæp

GASTSTÄTTEN, Seiten 38–64

Deutsch	English	Aussprache
Das Waschbecken ist verstopft.	The wash basin is clogged.	ðö uasch beejsön is klagd
Das Fenster klemmt.	The window is jammed.	ðö uindoo is dʒæmd
Der Rolladen hakt.	The blind is stuck.	ðö blaind is sstök
Dies sind nicht meine Schuhe.	These aren't my shoes.	ðies ahrnt mai schuhs
Das ist nicht meine Wäsche.	This isn't my laundry.	ðiss isönt mai lohndri
Es gibt kein heißes Wasser.	There's no hot water.	ðärs noo hat uatör
Ich habe meine Uhr verloren.	I've lost my watch.	aiw lost mai uatsch
Ich habe meinen Schlüssel im Zimmer gelassen.	I've left my key in my room.	aiw läft mai kie in mai ruhm
Der/Die/Das... funktioniert nicht.	The... is broken.	ðö ... is brookön
Birne	bulb	bölb
Jalousie	venetian blind	wönieschön blaind
Lampe	lamp	læmp
Rollo	window shade	uindou scheejd
Schalter	switch	ssuitsch
Stecker	plug	plög
Können Sie es in Ordnung bringen?	Can you get it fixed?	kæn ju gät it fiksst

HOTEL – BEDIENUNG

Telephon - Post - Besucher

Deutsch	English	Aussprache
Geben Sie mir bitte Atlanta 123–4567?	Can you get me Atlanta 123-4567?	kæn ju gät mi ätlæntö 123–4567
Hat mich jemand angerufen?	Did anyone telephone me?	did äniuön tälöfoon mi
Haben Sie Briefmarken?	Do you have any stamps?	du ju hæw äni sstæmpss
Würden Sie dies bitte für mich aufgeben?	Would you please mail this for me?	uud ju plies meejl ðiss fohr mi
Hat jemand eine Nachricht für mich hinterlassen?	Are there any messages for me?	ahr ðär äni mässidʒös fohr mi

POST UND TELEPHON, Seiten 137–141

Abreise

Kann ich bitte meine Rechnung haben?	May I please have my bill?	meej ai plies hæw mai bil
Ich reise morgen früh ab. Bitte machen Sie meine Rechnung fertig.	I'm leaving early tomorrow. Please have my bill ready.	aim liewing öhrli tömaroo. plies hæw mai bil rädi
Wir reisen mittags/bald ab.	We'll be checking out around noon/soon.	uiel bie tschäking aut öraund nuhn/ssuhn
Ich muß sofort abreisen.	I must leave at once.	ai mösst liew æt uönss
Ist alles inbegriffen?	Is everything included?	is äwriθing inkluhdöd
Ich glaube, Sie haben sich verrechnet.	You've made a mistake in this bill, I think.	juw meejd ö missteejk in δiss bil ai θink
Können Sie uns ein Taxi bestellen?	Can you get us a cab?	kæn ju gät öss ö kæb
Um wieviel Uhr geht der/das nächste... nach Chicago?	When's the next... to Chicago?	uäns δö näksst... tu schikahgoo
Bus/Zug/Flugzeug	bus/train/plane	böss/treejn/pleejn
Würden Sie bitte jemanden schicken, um das Gepäck hinunterzubringen?	Would you send someone to bring down our baggage?	uud ju ssänd ssömuön tu bring daun aur bægidʒ
Wir haben es sehr eilig.	We're in a great hurry.	uier in ö greejt höhri
Hier ist meine Nachsendeadresse.	Here's the forwarding address.	hiers δö fohruörding ödräss
Sie haben meine Heimatadresse.	You have my home address.	ju hæw mai hoom ödräss
Es war ein sehr angenehmer Aufenthalt.	It's been a very enjoyable stay.	itss bin ö wäri indʒeuöböl ssteej
Ich hoffe, daß wir eines Tages wiederkommen.	I hope we'll come again sometime.	ai hoop uiel köm ögän ssömtaim

TAXI, Seite 27

Gaststätten

Speisekarten werden selten ausgehängt, jedoch preisen viele Gaststätten ihre Spezialitäten samt Preisen im Fenster an. Eine offizielle Klassifizierung der Restaurants gibt es in den USA nicht.

Restaurants (**räss**töröntss). Bestimmt gibt es in Ihrem Hotel einen Speisesaal; wahrscheinlich ist das Essen dort aber teuer und ohne viel Phantasie zubereitet. In Großstädten finden Sie unzählige Restaurants, auch ausländische, in denen Sie preiswert essen können und wo eine reiche Auswahl von Gerichten aus aller Herren Länder angeboten wird. Französische Restaurants sind meistens teuer, wogegen chinesische zu den billigsten gehören.

Counter restaurants (**kaun**tör **räss**töröntss–Schnellgaststätten) finden Sie überall, auch in Kaufhäusern, *drugstores, five-and-ten-cent*-Geschäften, auf Bahnhöfen und Flughäfen. Viele sind Tag und Nacht geöffnet. Es werden vor allem Sandwiches und *hamburgers* in reicher Auswahl angeboten. Man kann aber auch vollständige Mahlzeiten bekommen. *Counter service* bedeutet Bedienung an der Bar.

Cafeterias (kæfötieriös) sind Selbstbedienungsrestaurants, in denen meist sehr preiswert gegessen werden kann.

Coffee shops (**kofi** schapps) gibt es überall in den USA. Außer Kaffee, der gewöhnlich sehr gut ist, werden häufig Frühstück, kleine Imbisse, oft auch vollständige Mahlzeiten zu günstigen Preisen serviert.

Delicatessens (dälikötässöns), eine Art Feinkostgeschäft, finden Sie in New York und anderen Großstädten. Es gibt Wurstwaren, Aufschnitt, vielerlei Salate, Räucher- und Pökelfleisch, Sandwiches usw. In einigen *dellies* kann an einer Bar oder an Tischen gegessen werden; alle sind jedoch für *carry-outs* (**kæ**ri-autss) oder *take-outs* (**teejk**-autss–Verkauf über die Gasse) eingerichtet.

Drive-ins (**draiw**-ins) sind eine echt amerikanische Erfindung für Autofahrer – ein parkplatzähnliches Gelände, auf dem ein kleines Gebäude steht. Es gibt *drive-ins,* die ausschließlich süße Milchspeisen, Hühnchen oder *hamburgers* servieren, während man in anderen Imbisse oder ganze Mahlzeiten bekommt. Neuere *drive-ins* haben gut sichtbar eine Speisekarte ausgehängt. Sie brauchen also nicht auszusteigen, sondern geben Ihre Bestellung durch eine Gegensprechanlage auf. Eine junge Kellnerin *(carhop)* in Uniform bringt das Bestellte auf einem Tablett, das sie an Ihrem Wagen befestigt. Wenn Sie gegessen haben, bringt sie die Rechnung und nimmt das Tablett wieder mit – und Sie fahren weiter, ohne je ausgestiegen zu sein.

Bars, taverns (bahrs, tæwörns) bieten oft einfache, reichliche Kost zu bescheidenen Preisen an. Von den Gästen – fast ausschließlich Männern – wird erwartet, daß sie ihr Essen mit reichlich Bier oder scharfen Getränken begleiten.

Essenszeiten

Mittagessen (*lunch*–löntsch, *luncheon*–**lön**tschön oder *dinner*–**di**nör): gewöhnlich von 11 Uhr bis 14 Uhr.

Abendessen (*dinner* oder *supper*–**sö**pör): normalerweise von 18 Uhr bis 21 Uhr.

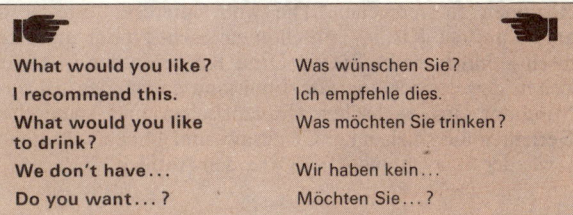

What would you like?	Was wünschen Sie?
I recommend this.	Ich empfehle dies.
What would you like to drink?	Was möchten Sie trinken?
We don't have...	Wir haben kein...
Do you want...?	Möchten Sie...?

FRÜHSTÜCK, Seite 34

Eßgewohnheiten

Wenn der Kellner an Ihren Tisch kommt, wird er Ihnen sehr wahrscheinlich mit der Speisekarte auch ein Glas Eiswasser bringen. Brot und Butter werden umsonst zu allen Mahlzeiten serviert.

Die Bedienung ist im allgemeinen rasch und gekonnt – dafür viel weniger gemütlich als meist in Europa. Man verweilt, besonders in bekannten und vielbesuchten Restaurants, nicht lange bei Tisch, da meistens schon die nächsten Gäste auf einen Platz warten.

Ausländer sind oft erstaunt, wie großzügig die Amerikaner mit *ketchup* umgehen; sie gießen es über Pommes frites, Steaks, Spiegeleier, Gemüse, *hamburger,* heiße Würstchen usw. *Ketchup* (oder *catsup*) ist zweifellos die beliebteste Würze in Amerika.

Wer glaubt, daß man sich in Amerika hauptsächlich mit Hamburgern und heißen Würstchen ernährt, wird überrascht sein. Jede Volksgruppe hat die amerikanische Küche mit ihrer eigenen Kochkunst bereichert. Nach einer amerikanischen Redeweise heißt es, etwas sei *as American as apple pie* (so amerikanisch wie eine gedeckte Apfeltorte). Man müsste ebenfalls hinzufügen: so amerikanisch wie *borscht, chop suey, chili con carne, coq-au-vin, pizza, spaghetti* oder *wienerschnitzel;* denn diese und viele andere Gerichte wurden von den Amerikanern übernommen.

Versäumen Sie nicht, die Spezialitäten der verschiedenen Regionen zu versuchen. Die wohl interessanteste nordamerikanische Küche – obschon gar nicht typisch amerikanisch – finden Sie im Süden. Diese Küche, in den frühesten Zeiten der Besiedelung von Louisiana entstanden, ist eine Mischung aus englischen, französischen und spanischen Gerichten mit solchen der Chicksaw- und Choctaw-Indianer sowie der Sklaven aus Afrika und den Antillen.

Hungrig?

Ich habe Hunger/Durst.	I'm hungry/I'm thirsty.	aim **hönggri**/aim θöhrssti
Können Sie ein gutes Restaurant empfehlen?	Can you recommend a good restaurant?	kæn ju räk**ö**m**ä**nd ö gud räss**tö**rönt
Gibt es in der Nähe preiswerte Restaurants?	Are there any inexpensive restaurants around here?	ahr ðär äni iniksssp**ä**nssiw räss**tö**röntss öraund hier
Ich möchte einen Tisch für 4 Personen reservieren lassen.	I'd like to reserve a table for 4.	aid laik tu ris**ö**hrw ö **teej**böl fohr 4
Wir kommen um 8 Uhr.	We'll come at 8.	uiel köm æt 8

Fragen und Bestellen

Guten Abend. Ich hätte gern einen Tisch für 3 Personen.	Good evening. I'd like a table for 3.	gud **iew**ning. aid laik ö **teej**böl fohr 3
Können Sie uns einen Tisch...geben?	Could we have a table...?	kud ui hæw ö **teej**böl
in der Ecke	in the corner	in ðö **kohr**nör
am Fenster	by the window	bai ðö **uin**doo
im Freien	outside	**auts**said
Wo ist die Herren-/Damentoilette?	Where is the men's room/powder room?	uär is ðö mäns ruhm/**pau**dör ruhm
Kann ich bitte die Speisekarte haben?	May I please have the menu?	meej ai plies hæw ðö **män**juh
Was ist das?	What's this?	uatss ðiss
Würden Sie uns bitte...geben?	Could we please have...?	kud ui plies hæw
Aschenbecher	an ashtray	ön **äsch**treej
Glas	a glass	ö glæss
Löffel	a spoon	ö sspuhn
Messer	a knife	ö naif
Serviette	a napkin	ö **næp**kön
noch einen Stuhl	another chair	ön**ö**ðör tsch**ä**r
Teller	a plate	ö pleejt
Zahnstocher	a toothpick	ö **tuh**θpik

GASTSTÄTTEN

Ich möchte eine Vorspeise.	I'd like an appetizer.	aid laik ön æpötaisör
Ich möchte…	I'd like some…	aid laik ssöm
Brot	bread	bräd
Brötchen	rolls	rools
Butter	butter	bötör
Eis	ice-cream	aisskriem
Essig	vinegar	winigör
Fisch	fish	fisch
Fleisch	meat	miet
Geflügel	fowl	faul
Gemüse	vegetables	wädʒtöböls
Kaffee	coffee	kofi
Kartoffeln	potatoes	pöteejtoos
Käse	cheese	tschies
Ketchup	ketchup	kätschöp
Meeresfrüchte	seafood	ssiefuhd
Milch	milk	milk
Mineralwasser	mineral water	minröl uatör
Nachtisch	dessert	disöhrt
Obst	fruit	fruht
Öl	oil	eul
Pfeffer	pepper	päpör
Pommes frites	french fries	fräntsch frais
Reis	rice	raiss
Salat	salad	ssælöd
Salz	salt	ssohlt
Senf	mustard	mösstörd
Suppe	soup	ssuhp
Tee	tea	tie
Wasser	water	uator
Wein	wine	uain
Zitrone	lemon	lämön
Zucker	sugar	schugör

Merke: Vielleicht war Ihre Portion Steak oder Hühnchen größer als Ihr Appetit? In vielen Gaststätten erhalten Sie auf Wunsch eine Tüte für Ihren Hund (*doggie bag*–**do**gi bæg). Sie brauchen die Reste nicht unbedingt Ihrem Hund zu geben; es läßt sich daraus auch ein leckerer Imbiß für den nächsten Tag zubereiten.

Was steht auf der Speisekarte?

Unsere Speisekarte ist nach Gängen eingeteilt. Unter jeder Überschrift finden Sie eine alphabetisch geordnete Liste der Gerichte auf englisch mit der deutschen Übersetzung. Sie können aber auch, wenn Sie z.B. Gemüse bestellen möchten, dem Kellner die entsprechende Liste vorlegen, und er wird Ihnen darauf zeigen, was erhältlich ist. Auf den Seiten 41 und 42 finden Sie einige allgemeine Redewendungen zum Bestellen von Gerichten.

	Seite
Vorspeisen	44
Salat	45
Suppe	46
Fisch	47
Fleisch	49
Wild und Geflügel	51
Gemüse	52
Käse	53
Obst	54
Nachtisch	55
Getränke	58
Kleine Gerichte – Imbisse	64

Blue-plate special (**bluh**plait **ssp**ä**schöl**) ist einfach ein Gedeck, gewöhnlich für das Mittagessen von Geschäftsleuten bestimmt. Ähnliche Bezeichnungen in Verbindung mit *special* bedeuten meist ein Tagesgericht oder -gedeck zu günstigem Preis. Bessere Restaurants preisen ihr Menü oft unter dem Namen *table d'hôte* an.

Bedienungsgeld ist in der Rechnung nie inbegriffen. Je nachdem, in welcher Stadt Sie sind, wird automatisch eine Gemeinde- oder Staatssteuer – oder beides zusammen – auf Ihre Rechnung gesetzt. Es ist allgemeiner Brauch, 15% Trinkgeld für den Kellner auf dem Tisch liegen zu lassen.

Manchmal steht auf der Rechnung der Vermerk *please pay cashier* (bitte an der Kasse zahlen). Vergessen Sie aber nicht, das Trinkgeld für den Kellner auf den Tisch zu legen.

Vorspeisen

In den vielen ausländischen Restaurants von New York gibt es eine reiche Auswahl an Vorspeisen. Zwei sind vor allem beliebt: *blintzes* (**blin**ssös) und *lox* (lakss). *Blintzes* sind gerollte Pfannkuchen mit heißer Käsefüllung nach russischem Rezept, die man jedoch hauptsächlich in jüdischen Gaststätten findet. *Lox* ist geräucherter Lachs, der meistens mit knusprigen ringförmigen Brötchen *(bagels–***beej**göls*)* serviert wird.

Ich hätte gern eine Vorspeise.	I'd like an appetizer.	aid laik ön æpötaisör
artichoke	ahrtitschook	Artischocke
asparagus tips	össpærögöss tipss	Spargelspitzen
avocado	æwökahdoo	Avokadobirne
canapes	kænöpies	Appetitschnittchen
caviar	kæwiahr	Kaviar
cold cuts	koold kötss	Aufschnitt
crab cocktail	kræb **kak**teejl	Krabbencocktail
devilled eggs	däwöld ägs	Pfeffereier
fruit juice	fruht dʒuhss	Fruchtsaft
grapefruit/orange	greejpfruht/ohröndʒ	Pampelmuse/ Apfelsine
pineapple/tomato	painæpöl/tömeejtoo	Ananas/Tomate
(half a) grapefruit	(hæf ö) greejpfruht	(eine halbe) Pampelmuse
fruit cocktail	fruht **kak**teejl	Fruchtsalat
ham	hæm	Schinken
herring	häring	Hering
marinated herring	mæröneejtöd häring	marinierter Hering
smoked herring	ssmookt häring	geräucherter Hering
lobster	labsstör	Hummer
mushrooms	möschruhms	Pilze
olives	aliws	Oliven
oysters	eusstörs	Austern
pickled tongue	piköld töng	Zunge (gepökelt)
prawns	prohns	Krabben
salami	ssölæmi	Salami
salmon	ssæmön	Lachs
smoked salmon	ssmookt ssæmön	geräucherter Lachs
sardines	ssahrdiens	Sardinen
shrimp	schrimp	Garnelen
snails	ssneejls	Schnecken
tuna	tuhnö	Thunfisch

Salat

Salat wird entweder vor oder mit dem Hauptgericht gegessen. Bestellen Sie grünen Salat, so werden Sie stets gefragt, wie Sie die Sauce (*dressing*–**drä**ssing) zubereitet haben möchten. Die häufigsten Zubereitungsarten sind: *French* (fräntsch– Mayonnaise, mit Tomaten oder Paprika gewürzt), *Italian* itæljön–Öl, Essig und Kräuter), *Thousand Island* (**θau**sönd **ail**önd–Mayonnaise mit Nüssen, Eiern, Chilisauce, Oliven, grünem Paprika, Zwiebeln und Petersilie), aber auch *roquefort* (**rook**fört–mit Roquefortkäse) und *Russian* (**rö**schön–Mayonnaise mit Tomaten, Essiggemüse, Kapern und süßen Paprikaschoten). Es werden ebenfalls Obst- oder Gemüsesalate in gewürzter Gelatine oder in Aspik angeboten.

Was für Salate haben Sie?	**What salads do you have?**	uat ssælöds du ju hæw
Können Sie eine hiesige Spezialität empfehlen?	**Can you recommend a local specialty?**	kæn ju räkömänd ö looköl sspäschölti
chef's salad	schäfss ssælöd	Salat des Hauses
cole slaw	kool ssloh	Krautsalat
cottage cheese salad	katidʒ tschiess ssælöd	Salat aus körnigem Quark
cucumber salad	kjuhkömbör ssælöd	Gurkensalat
fruit salad	fruht ssælöd	Obstsalat
gelatin (Jell-O) salad	dʒälöton (dʒäloo) ssælöd	Obst- oder Gemüsesalat mit Gelatine
green salad	grien ssælöd	grüner Salat
health-food salad	hälθ fuhd ssælöd	«Gesundheitssalat»
julienne salad	dʒuliän ssælöd	Julienne-Salat (feingeschnittenes Gemüse)
mixed salad	miksst ssælöd	gemischter Salat

Suppe

Hier sind einige Spezialitäten:

chili con carne (tschili kan **kah**rni)	Nach einem Rezept aus dem ehemals mexikanischen Südwesten der USA: scharf gewürzte dicke Suppe aus gehacktem Rindfleisch, getrockneten roten Bohnen, Zwiebeln, gemahlenen Chili-Pfefferschoten und anderen Gewürzen.
clam chowder (klæm **tschau**dör)	Dicke Muschelsuppe, besonders beliebt in Boston.
vichyssoise (wischi**ssuahs**)	Besondere Art einer Lauch- und Kartoffelsuppe, wird mit Schnittlauch garniert und kalt gegessen. Das Rezept stammt von einem französischen Koch in New York, der vielleicht Heimweh nach Vichy hatte.

Ich hätte gern eine Suppe. Was empfehlen Sie?	**I'd like some soup. What do you recommend?**	aid laik ssöm ssuhp. uat du ju räkö**mänd**
(navy) bean soup	(**nee**jwi) bien ssuhp	Bohnensuppe
beef consommé	bief kanssö**meej**	Rindfleischbrühe
chicken consommé	tschikön kanssö**meej**	Hühnerbrühe
conch chowder	kank **tschau**dör	Muschelsuppe
crab soup	kræb ssuhp	Krabbensuppe
crayfish bisque	**kreej**fisch bissk	Krebssuppe
cream of asparagus soup	kriem öw ö**sspæ**rögöss ssuhp	Spargelcremesuppe
cream of celery soup	kriem öw **ssä**löri ssuhp	Selleriecremesuppe
cream of mushroom soup	kriem öw **mösch**ruhm ssuhp	Pilzcremesuppe
cream of potato soup	kriem öw pö**teej**too ssuhp	Kartoffelcremesuppe
French onion soup	fräntsch **ön**jön ssuhp	französische Zwiebelsuppe
oxtail soup	**akss**teejl ssuhp	Ochsenschwanzsuppe
soup of the day	ssuhp öw ðö deej	Tagessuppe
split-pea soup	**ssplit**pie ssuhp	Erbsensuppe
tomato soup	tö**meej**too ssuhp	Tomatensuppe
turtle soup	**töh**rtöl ssuhp	Schildkrötensuppe
vegetable beef soup	**wäd**ʒtöböl bief ssuhp	Fleischbrühe mit Gemüseeinlage

Merke: Chinesische Restaurants bieten eine reiche Auswahl an würzigen Suppen.

Fisch und Schaltiere

Ich hätte gerne Fisch.	**I'd like some fish.**	aid laik ssöm fisch
Was für Meeresfrüchte haben Sie?	**What kinds of seafood do you have?**	uat kainds öw ssiefuhd du ju hæw
abalone	æbölooni	kalif. Schaltier
bass	bæss	Barsch
sea bass	ssie bæss	Wolfsbarsch
striped bass	sstraipt bæss	gestreifter Barsch
carp	kahrp	Karpfen
catfish	**kæt**fisch	Katzenwels
caviar	**kæ**wiahr	Kaviar
clams	klæms	Sandmuscheln
cod	kad	Kabeljau
crab	kræb	Krabbe
crayfish, crawfish	**kreej**fisch, **kroh**fisch	Krebs
eel	iel	Aal
fish croquettes	fisch krookätss	Fischkroketten
flounder	**flaun**dör	Flunder
froglegs	**frog**lägs	Froschschenkel
haddock	**hæd**ŏk	Schellfisch
halibut	**hæ**löböt	Heilbutt
herring	**hä**ring	Hering
lobster	**lab**sstör	Hummer
lox	lakss	geräucherter Lachs
mackerel	**mæk**röl	Makrele
(red) mullet	(räd) **möl**öt	(rote) Meerbarbe
oysters	**euss**törs	Austern
perch	pöhrtsch	Barsch
pike	paik	Hecht
pompano	**pam**pŏnoo	Pompano (atlantischer Seefisch)
prawns	prohns	Steingarnelen
red snapper	räd **ssnæ**pör	Rotbarsch
salmon	**ssæ**mön	Lachs
smoked salmon	ssmookt **ssæ**mön	geräucherter Lachs
sardines	ssahr**diens**	Sardinen
scallops	**sskæ**löpss	Kammuschel
scampi	**sskæm**pi	Scampi
shrimp	schrimp	Garnelen
smelt	ssmält	Stint
sole	ssohl	Seezunge
swordfish	**ssohrd**fisch	Schwertfisch
trout	traut	Forelle
tuna	**tuh**na	Thunfisch
turbot	**töhr**böt	Steinbutt

GASTSTÄTTEN

gebacken	**baked**	beejkt
gebraten	**fried**	fraid
im schwimmenden Fett gebraten	**deep fried**	diep fraid
gedämpft	**steamed**	stiemd
gegrillt	**grilled**	grild
geräuchert	**smoked**	smookt
geschmort	**stewed**	stuhd
geschwenkt	**sautéed**	ssoteejd
mariniert	**marinated**	mæröneejtöd
pochiert	**poached**	pootscht
roh	**raw**	roh

Spezialitäten aus Meeresfrüchten

Mit ihrer 12 000 Meilen langen Küste sind die USA reich an Fischen und Meeresprodukten. Versuchen Sie den Heilbutt, der in Europa weitgehend unbekannt ist, oder den für die Fischer des Pazifiks wertvollen Thunfisch. Sie finden auf den Speisekarten auch exotische Namen wie *blue-point oysters, Bay scallops, cherrystone clams* und *dungeness crab*.

Im Landesinnern liefern die zahllosen Seen, Ströme und Flüsse eine Vielzahl von Fischen, so zum Beispiel den Katzenwels aus dem Mississippi, den Stint aus den Großen Seen, den gestreiften Barsch und Forellen, die in Bergseen und -flüssen gefangen werden.

Hier zwei Spezialitäten:

cioppino
(tschöpienoo)
Italienische Fischsuppe, eine Spezialität von San Francisco; wundern Sie sich nicht, wenn man Ihnen ein Lätzchen gibt, um diese Suppe zu essen!

jambalaya
(dʒæmbölaiö)
Dieses Gericht aus New Orleans ist so bekannt, daß es sogar in einem Schlager besungen wurde. Es handelt sich um ein Eintopfgericht aus Schinken, Krabben und Reis in einer mit Knoblauch, Zwiebeln, Tomaten, grünen Paprikaschoten und Wein gewürzten Brühe.

Fleisch

Ich möchte…	**I'd like some…**	aid laik ssöm
Rindfleisch	**beef**	bief
Lammfleisch	**lamb**	læm
Schweinefleisch	**pork**	pohrk
Kalbfleisch	**veal**	wiel
	bacon	beejkön	Speck
	beef pie	bief pai	Rindfleischpastete
	beef sirloin tip roast	bief **ssöhr**leun tip roosst	Rinderbraten (Lendenspitze)
	calf's brains/feet	kæws breejns/fiet	Kalbshirn/Kalbsfüße
	chitlins	**tschit**löns	Schweinekutteln, -kaldaunen
	charcoal-broiled steak	**tschahr**kool-breuld ssteejk	auf Holzkohle geröstetes Steak
	ham	hæm	Schinken
baked/boiled	beejkt/beuld	gebacken/gekocht
cured/smoked	kjuhrd/ssmookt	gepökelt/geräuchert
	hot roast beef sandwich	hat roosst bief **ssænd**uitsch	Sandwich mit heißem Roastbeef
	hamburger steak	**hæm**böhrgör ssteejk	deutsches Beefsteak
	heart	hahrt	Herz
	kidneys	kidnis	Nieren
	lamb	læm	Lammfleisch
breast/shoulder	bräst/**school**dör	Brust/Schulter
leg/loin	läg/leun	Koule/Lende
rack/shank	ræk/schænk	Karree/Hachse
chop	tschap	Kotelett
	liver	liwör	Leber
	meatballs	**miet**bohls	Fleischklößchen
	meat loaf	miet loof	Hackbraten
	mutton	mötön	Hammelfleisch
	oxtail	**akss**teejl	Ochsenschwanz
	pork	pohrk	Schweinefleisch
chop/shoulder	tschap/**school**dör	Kotelett/Schulter
	pot roast	pat roost	Schmorbraten
	veal	wiel	Kalbfleisch
cutlet/shank	kötlöt/schænk	Schnitzel/Hachse
	sweetbreads	**ssuiet**bräds	Kalbsmilch, Bries
	tongue	töng	Zunge
	tripe	traip	Kutteln, Kaldaunen
	steak	ssteejk	Steak
	sausage	**ssohss**idʒ	Würstchen
	stew	sstuh	Eintopf
	prime rib roast	praim rib roosst	erstklassige Schmorrippe

GASTSTÄTTEN

Wie möchten Sie Ihr Fleisch haben?

im Ofen gebacken	baked	beejkt
auf dem Rost gebraten	**barbecued**	**bahr**bikjuhd
gekocht	**boiled**	beuld
geschmort	**braised**	breejsd
gebraten	**fried**	fraid
gegrillt	**grilled**	grild
geröstet	**roasted**	roosstöd
gedämpft	**stewed**	sstuhd
gefüllt	**stuffed**	sstöft
blutig, halbroh	**rare**	rär
halb durchgebraten	**medium**	miediöm
durchgebraten	**well-done**	uäldön

Amerikanische Fleischgerichte

Amerikaner haben eine Vorliebe für gegrilltes oder auf dem Rost gebratenes Rindfleisch. Es gibt eine Anzahl von Restaurants–*steak houses* (ssteejk **hau**sös)–, die ausschließlich Steaks, auf vielerlei Arten zubereitet, anbieten. Man kann amerikanische Steaks kaum mit den unsrigen vergleichen, da das Fleisch in den USA anders geschnitten wird. *Club, rib, Delmonico, T-bone, porterhouse* und *sirloin* sind einige Namen, die sich auf den Teil beziehen, aus dem das Steak geschnitten wird. Aus dem Preis kann meist auf die Qualität des Stückes geschlossen werden. Die beiden besten Fleischqualitäten werden mit *prime* und *choice* bezeichnet.

barbecued spare ribs
(**bahr**bikjuhd sspär ribs)
Aufgeschnittene Schweinebrust, in einer scharf gewürzten Tomatensauce mariniert und gebacken oder grillt.

London broil
(**lön**dön breul)
Ein auf dem Rost gebratenes Rindfleischstück, gewöhnlich mit Pilzsauce serviert.

swiss steak
(ssuiss ssteejk)
Im Ofen gebackene Rindfleischscheiben, in einer Sauce aus Zwiebeln und Tomaten geschmort.

Virginia baked ham
(wördʒinjö beejkt hæm)
Der Schinken wird eingeschnitten, mit Gewürznelken, Kirschen und Ananasscheiben garniert, im Ofen gebacken und mit einer süßsauren Sauce übergossen.

Wild–Geflügel

Ich hätte gerne Wild.	I'd like some game.	aid laik ssöm geejm
Was für Geflügel-gerichte haben Sie?	What poultry dishes do you serve?	uat **pooltri** dischös du ju ssöhrw
buffalo	böföloo	Büffel
capon	keejpön	Kapaun
chicken	tschikön	Huhn, Hühnchen
barbecued	bahrbikjuhd	auf dem Rost gebraten
chicken	tschikön	
chicken livers	tschikön liwörs	Hühnerleber
chicken pie	tschikön pai	Hühnerpastete
chicken salad	tschikön ssælöd	Hühnersalat
deer	dier	Hirsch
duck	dök	Ente
duckling	dökling	junge Ente
elk	älk	Elch
goose	guhss	Gans
guinea hen	gini hän	Perlhuhn
hare	här	Hase
moose	muhss	amerikanischer Elch
pheasant	fäsönt	Fasan
quail	kueejl	Wachtel
rabbit	ræbit	Kaninchen
squirrel	sskuöhröl	Eichhörnchen
turkey	töhrki	Truthahn
venison	wänössön	Wildbret, Reh

Geflügelspezialitäten

Southern fried chicken (ssöðörn fraid tschikön)
Knuspriges, in schwimmendem Fett gebackenes Hühnchen.

Long Island duckling (long ailand dökling)
Eine im Staat New York gezüchtete kleine Ente; schmeckt am besten geröstet und in einer Apfelsinensauce geschmort.

Rock Cornish hen (rak kohrnisch hän)
Amerikanisches Masthühnchen, wird um seines Brustfleisches willen gezüchtet; am besten geröstet zu essen.

turkey (töhrki)
Neben dem Huhn ist der Truthahn *(turkey)* das beliebteste Geflügel in Amerika. Man ißt es hauptsächlich zwischen *Thanksgiving* (Erntedankfest, 4. Donnerstag im November) und Neujahr.

Gemüse

Was für Gemüse empfehlen Sie?	**What vegetables do you recommend?**	uat wädʒtöböls du ju räkömänd
Ich möchte lieber Salat.	**I'd prefer some salad.**	aid priföhr ssöm ssælöd
artichoke	ahrtitschook	Artischocke
aubergine	obörʒin	Eierfrucht (Aubergine)
asparagus(tips)	össpærögöss tipss	Spargel(spitzen)
avocado	æwökahdoo	Avokadobirne
beans	biens	Bohnen
butter beans	bötör biens	weiße Bohnen
green beans	grien biens	grüne Bohnen
kidney beans	kidni biens	rote Bohnen
lima beans	laimö biens	Limabohnen
wax beans	uækss biens	Wachsbohnen
beets	bietss	rote Beten
broccoli	braköli	Brokkoli
brussels sprouts	brössöls ssprautss	Rosenkohl
cabbage	kæbidʒ	Kohl
carrots	kærötss	Karotten
cauliflower	kohlöflauör	Blumenkohl
celery	ssälöri	Sellerie
chestnuts	tschässnötss	Kastanien
cucumber	kjuhkömbör	Gurken
eggplant	ägplænt	Eierfrucht (Aubergine)
endive	ändaiw	Chicorée
green pepper	grien päpör	grüner Paprika
Jerusalem artichoke	dʒöruhssölöm ahrtitschook	Erdartischocke
leeks	liekss	Lauch, Porree
lentils	läntöls	Linsen
lettuce	lätöss	Lattich, Kopfsalat
mushrooms	möschruhms	Pilze
okra	ookrö	Gumboschoten
onions	önjöns	Zwiebeln
parsley	pahrssli	Petersilie
peas	pies	Erbsen
potatoes	pöteejtoos	Kartoffeln
radishes	rædischös	Radieschen
rice	raiss	Reis
spuds	sspöds	Kartoffeln
squash	sskuasch	Kürbis
sweet potatoes	ssuiet pöteejtoos	Bataten
tomatoes	tömeejtoos	Tomaten
turnips	töhrnipss	Steckrüben
zucchini	sukieni	Zucchini

corn on the cob
(kohrn an öö kab)

Maiskolben werden mit Butter bestrichen, gesalzen und mit den Fingern gegessen.

succotash
(ssökotæsch)

Ein indianisches Gericht aus Limabohnen und Maiskörnern.

Gemüse kann wie folgt zubereitet sein:

gehackt, geschnetzelt	**chopped**	tschapt
in Würfel geschnitten	**diced**	daissd
gebacken	**baked**	beejkt
gebraten	**fried**	fraid
gegrillt	**grilled**	grild
geröstet	**roasted**	**roos**stöd
gedämpft	**stewed**	sstuhd
gekocht	**boiled**	beuld
…püree	**mashed**	mæscht
…püree mit Sahne	**creamed**	kriemd
gefüllt	**stuffed**	sstöft
in Essig eingelegt	**pickled**	piköld

Käse

In einer amerikanischen Mahlzeit ist der Käse als besonderer Gang unbekannt. Er wird hauptsächlich als Zutat bei der Zubereitung eines Gerichtes verwendet.

Der Käse, der in Amerika am häufigsten gegessen wird, gleicht dem holländischen Gouda; aber auch *swiss cheese* (ähnlich dem Emmentaler oder Greyerzer Käse) ist sehr beliebt. *Cottage cheese* (eine Art körniger Quark) braucht man häufig als Zutat zu Salatsaucen. Aus *cream cheese* (Doppelrahmkäse) werden die verschiedensten Gerichte, von der Vorspeise bis zum Nachtisch, zubereitet. Viele bekannte europäische Käsesorten werden eingeführt – oder im Land selbst hergestellt.

Obst/Früchte

Haben Sie frisches Obst?	**Do you have any fresh fruit?**	du ju hæw äni fräsch fruht
Ich möchte einen frischen Fruchtsalat	**I'd like a fresh fruit cocktail.**	aid laik ö fräsch fruht **kak**teejl

apple	**æ**pöl	Apfel
apricots	**æ**prökatss	Aprikosen
banana	bö**næ**nö	Banane
blackberries	**blæk**bäries	Brombeeren
blueberries	**bluh**bäries	Blau-, Heidelbeeren
cantaloupe	**kæn**töloop	Kantalupmelone
cherries	**tschä**ries	Kirschen
chestnuts	**tschäss**nötss	Kastanien
coconut	**koo**könöt	Kokosnuß
cranberries	**kræn**bäries	eine Art Preiselbeeren
currants	**köh**röntss	Johannisbeeren
dates	deejtss	Datteln
figs	figs	Feigen
gooseberries	**guhss**bäries	Stachelbeeren
grapefruit	**greejp**fruht	Pampelmuse
grapes	greejpss	Weintrauben
honeydew melon	**hö**niduh mälön	Honigmelone
huckleberries	**hö**kölbäries	Blau-, Heidelbeeren
melon	**mä**lön	Melone
mulberries	**möl**bäries	Maulbeeren
muskmelon	**möss**kmälön	Moschusmelone
nectarine	näk**tö**rien	Nektarine
orange	**oh**röndʒ	Apfelsine
peach	pietsch	Pfirsich
pear	pär	Birne
pineapple	**pain**æpöl	Ananas
plums	plöms	Pflaumen
prunes	pruhns	Backpflaumen
quince	kuinss	Quitte
raisins	**reej**söns	Rosinen
raspberries	**ræs**bäries	Himbeeren
red currants	räd **köh**röntss	rote Johannisbeeren
rhubarb	**ruh**bahrb	Rhabarber
strawberries	**sstroh**bäries	Erdbeeren
tangerine	tændʒö**rien**	Mandarine
ugly fruit	**ög**li fruht	«häßliche Frucht»*
watermelon	**ua**törmälön	Wassermelone

* eine Kreuzung zwischen Apfelsine und Pampelmuse

Nachspeisen

Haben Sie alle Gänge auf der Speisekarte hinter sich, möchten Sie vielleicht sagen:

Ich möchte einen Nachtisch, bitte.	**I'd like a dessert, please.**	aid laik ö di**söhrt** plies
Etwas Leichtes, bitte.	**Something light, please.**	ssöm θing lait plies
Nur eine kleine Portion, bitte.	**Just a small portion.**	dʒösst ö ssmohl pohr**schön**
Nein danke, nichts mehr.	**Nothing more, thanks.**	nöθing mohr θænkss

Falls Sie nicht wissen, was Sie bestellen sollen, fragen Sie den Kellner:

Was haben Sie als Nachtisch?	**What do you have for dessert?**	uat du ju hæw fohr di**söhrt**
Was empfehlen Sie?	**What do you recommend?**	uat du ju räkö**mänd**

Amerikaner lieben *pies*, Kuchen oder Eis als Nachtisch. Ein *pie* ist eine Art Kuchen oder Pastete, mit Früchten oder Eiercreme garniert und meistens mit Teig bedeckt. Sie können *pie* oder Kuchen *à la mode* bestellen, d.h. mit Vanilleeis darauf.

Wir empfehlen folgende Nachspeisen:

angel-food cake (eejndʒöl-fuhd keejk)	Leichter Kuchen aus Eiweiß und Zucker, in einer Auflaufform gebacken.
apple pie (æpöl pai)	Die beliebte Apfeltorte kann so gegessen werden, wie sie ist, *à la mode* oder mit einer Käsescheibe garniert.
Boston cream pie (bosstön kriem pai)	Ein mit Eiercreme gefüllter Kuchen, mit Schokoladenguß überzogen.
brownie (brauni)	Schwerer Schokoladenkuchen mit Nüssen
cheese cake (tschies keejk)	Kuchen aus Vollrahmkäse, Eiern und Zucker. Bemühen Sie sich nicht, die Kalorien zu zählen!

GASTSTÄTTEN

fudge (födʒ)	Eine nahrhafte Mischung aus Schokoladenkuchen und sahnigem Schokoladenkonfekt; sicherlich nichts für diejenigen, die auf ihre Linie achten!
Indian pudding (indiön puding)	Mischung aus Melasse; grobem Maismehl und Gewürzen, besonders beliebt in New England.
Jell-o (dʒäloo)	Geleenachspeise mit Fruchtgeschmack oder Früchten, manchmal mit Creme oder Schlagsahne verziert
orange cake (ohröndʒ keejk)	Apfelsinentorte, eine Spezialität aus Florida
pudding (puding)	Pudding
pumpkin pie (pömkön pai)	Flache Kürbistorte
strawberry shortcake (sstrohbäri schohrtkeejk)	Eine Art Erdbeertörtchen, mit Schlagsahne garniert
sundae (ssöndi)	Früchte-Eisbecher
soda (ssoodö)	Eisnachspeise, oft mit Schlagsahne, Nüssen und einer Kirsche garniert, in einem hohen Glas serviert
Southern pecan pie (ssödörn pikæn pai)	Eine berühmte Torte, die zur Hauptsache aus Pekannüssen besteht

Vergessen Sie *ice-cream* (**aiss**kriem–Speiseeis) nicht! Es gibt vielerlei Sorten:

butter pecan	bötör pikæn	Pekannuß
chocolate	tschaklöt	Schokolade
chocolate chip	tschaklöt tschip	mit Schokoladensplittern
coffee	kofi	Mokka
lemon	lämön	Zitrone
orange	ohröndʒ	Orange
pistachio	pösstæschoo	Pistazie
spumoni	sspumooni	Cassata
strawberry	sstrohbäri	Erdbeer
tortoni	tortooni	eine Art Cassata
tutti-frutti	tuti-fruti	Tutti-Frutti (gemischte Früchte)
vanilla	wönilö	Vanille

Und hier sind wir am Ende unserer amerikanischen Speisekarte. Wein und andere Getränke finden Sie auf den nächsten Seiten. Aber jetzt kommt…

Die Rechnung

Ich möchte zahlen.	I'd like to pay.	aid laik tu peej
Geben Sie mir bitte die Rechnung.	May I please have the check.	meej ai plies hæw ðö tschäk
Wir möchten getrennt zahlen.	We'd like to pay separately.	uiid laik tu peej ssäprötli
Ich glaube, Sie haben sich verrechnet.	You made a mistake in this bill, I think.	ju meejd ö missteejk in ðiss bil ai θink
Wofür ist dieser Betrag?	What's this amount for?	uatss ðiss ömaunt fohr
Ist die Steuer inbegriffen?	Is tax included?	is tækss inkluhdöd
Ist das Gedeck eingeschlossen?	Is the cover charge included?	is ðö köwör tschahrdʒ inkluhdöd
Ist alles inbegriffen?	Is everything included?	is äwriθing inkluhdöd
Nehmen Sie Reiseschecks an?	Do you accept traveler's checks?	du ju äkssäpt træwlörs tschäkss
Vielen Dank, dies ist für Sie.	Thank you, this is for you.	θænk ju ðiss is fohr ju
Behalten Sie das Wechselgeld.	Keep the change.	kiep ðö tscheejndʒ
Es war eine sehr gute Mahlzeit.	That was a very good meal.	ðæt uös ö wäri gud miel
Es hat uns geschmeckt, vielen Dank.	We enjoyed it, thank you.	ui indʒeud it θænk ju

Beschwerden

Das Essen ist kalt.	The food is cold.	ðö fuhd is koold
Dies ist nicht frisch.	This isn't fresh.	ðiss isönt fräsch
Warum dauert es so lange?	What's taking you so long?	uatss teejking ju ssoo long

Das habe ich nicht bestellt. Ich habe... bestellt.	That's not what I ordered. I asked for...	ðætss nat uat ai ohrdörd. ai æsskd fohr
Das Fleisch ist...	The meat is...	ðö miet is
zu stark gebraten/ zu wenig gebraten	overdone/ underdone	oowördön/öndördön
zu roh/zu zäh	too rare/too tough	tuh rär/tuh töf
Das ist zu...	This is too...	ðiss is tuh
bitter/salzig/süß	bitter/salty/sweet	bitör/ssohlti/ssuiet
Wo sind unsere Getränke?	Where are our drinks?	uär ahr aur drinkss
Das ist nicht sauber.	This isn't clean.	ðiss isönt klien
Wollen Sie bitte den Oberkellner rufen?	Would you ask the head waiter to come over?	uud ju æssk ðö häd ueejtör tu köm oowör

Getränke

Bier

Amerikanisches Bier ist im allgemeinen leichter und weniger alkoholhaltig als deutsches Bier. Es wird stets eiskalt serviert. In einigen *taverns* können Sie bekanntes europäisches Bier bekommen. *Budweiser* und *Schlitz* sind Beispiele guten amerikanischen Biers.

Ich möchte ein Bier, bitte.	I'd like a beer, please.	aid laik ö bier plies

Wein

Amerikaner trinken zu ihren Mahlzeiten Bier, einen Cocktail, einen *highball* oder Kaffee, aber selten Wein, der auch nur in Restaurants, nicht aber in anderen Gaststätten erhältlich ist. Allmählich finden die Amerikaner zwar Geschmack daran, gelegentlich zur häuslichen Mahlzeit Wein zu trinken.

Viele Restaurants bieten eine beschränkte Auswahl importierter Qualitätsweine an; wahrscheinlich sind sie aber ziemlich teuer.

Sie sollten jedoch auf alle Fälle den amerikanischen Wein versuchen, der außerhalb der USA weitgehend unbekannt ist. Ganz besonders zu empfehlen ist der kalifornische Wein, doch werden auch in anderen Staaten gute Weine angebaut. Die besten tragen auf dem Etikett die Bezeichnung der Traubensorte (nicht der Herkunft oder Lage) und stammen von Weinhändlern wie Beaulieu, Charles Krug und Paul Masson.

Ich möchte...	I'd like...of...	aid laik...öw
eine Flasche	a bottle	ö batöl
eine halbe Flasche	half a bottle	hæf ö batöl
ein Glas	a glass	ö glæss
Haben Sie kalifornischen Wein?	Do you have California wine?	du ju hæw kælöfohrnjö uain
Ich möchte einen... Wein.	I'd like something...	aid laik ssömθing
süßen/moussierenden/ trockenen	sweet/sparkling/ dry	ssuiet/**sspahr**kling/drai
Ich möchte eine Flasche Weißwein/ Rotwein.	I want a bottle of white wine/ red wine.	ai uant ö batöl öw uait uain/räd uain
Ich möchte keinen zu süßen Wein.	I don't want anything too sweet.	ai doont uant äniθing tuh ssuiet
Ich möchte eine ungekühlte Flasche.	I'd like an unchilled bottle.	aid laik ön öntschild batöl
Haben Sie nichts Billigeres?	Haven't you anything cheaper?	hæwönt ju äniθing **tschie**pör

rot	red	räd
weiß	white	uait
rosé	rosé	roo**see**j
süß	sweet	ssuiet
trocken	dry	drai
moussierend	sparkling	**sspahr**kling
gekühlt	chilled	tschild
in Zimmertemperatur	at room temperature	æt ruhm **täm**prötschör

GASTSTÄTTEN

Bitte bringen Sie noch ein/eine…	**Please bring me another…**	plies bring mi önöθöhr
Glas/Flasche	**glass/bottle**	glæss/batöl
Wie heißt dieser Wein?	**What's this wine called?**	uatss ðiss uain kohld
Woher kommt dieser Wein?	**Where does this wine come from?**	uär dös ðiss uain köm fröm

Andere alkoholische Getränke

Der Amerikaner hängt ebenso an seinem Cocktail oder *highball* (**hai**bohl) wie der Deutsche an seinem Bier.

Ein Cocktail besteht aus einer Mischung von zwei oder mehr Spirituosen (gute Beispiele dafür sind *manhattan* oder *martini*). Ein *highball* hingegen enthält nur eine Alkoholsorte, die mit einem kohlensäurehaltigen Getränk oder mit Fruchtsaft vermischt wird, wie z.B. *gin and tonic* (Gin mit Tonic) oder *scotch and soda* (schottischer Whisky mit Sodawasser).

Highballs und Cocktails werden stets eiskalt serviert. Möchten Sie Ihr Getränk in Zimmertemperatur haben, fügen Sie bei der Bestellung *no ice* (noo aiss–keine Eiswürfel) hinzu.

Verlangen Sie in den USA einen *martini,* werden Sie erstaunt sein, daß man Ihnen einen starken Cocktail aus Gin und trockenem Wermut serviert, also nicht den süßen Wermut, den Sie in Europa unter diesem Namen bekommen.

Cocktails und *highballs* werden vor den Mahlzeiten getrunken; jedoch gibt es Amerikaner, die während der ganzen Mahlzeit damit fortfahren. Seien Sie vorsichtig, ein einziger Cocktail wird Ihnen wahrscheinlich genügen.

In großen Städten gibt es, besonders in den Geschäftsvierteln, gemütliche *cocktail lounges*. Oft begegnen Sie der Aufschrift *cocktail* oder *happy hour from 5-7 p.m.* (17.00–19.00) – die richtige Zeit also, um einen Cocktail zu probieren und das Treiben der Einheimischen zu beobachten. Übrigens sind Cocktails um diese Zeit bis zur Hälfte billiger als sonst.

Hier einige der beliebtesten Mischgetränke:

bloody Mary (blödi märi)	Wodka mit Tomatensaft; angeblich ein gutes Heilmittel gegen Kater
daiquiri (dæköri)	Mischgetränk aus Zucker, Zitronellsaft und weißem Rum; ein angenehmes Getränk für die Damen
gin 'n' tonic (dʒin ön tanik)	Gin mit Tonic und Zitronelle
manhattan (mænhætön)	Süßer Wermut, *bourbon* (amerikanischer Whisky) und Bitteraperitif
martini (mahrtini)	Trockener Wermut und Gin
ol'fashioned (ohlfæschönd)	Mischung aus *bourbon*, Mineralwasser, Zucker und Bitteraperitif, mit einer Apfelsinenscheibe und einer Kirche serviert

Whiskey. Amerikanischer Whisky (mit einem *e* geschrieben) ist im allgemeinen süßer und schwerer als der irische oder schottische, die Sie beide ebenfalls in den meisten Bars bekommen können. *Bourbon* (**böhr**bön–aus dem Kreis Bourbon im Staate Kentucky) ist der bekannteste amerikanische Whisky. Er wird, im Gegensatz zu anderen Whiskys, zur Hauptsache aus Mais gebrannt.

Es gibt auch *blended whiskey*, der aus einer Mischung von verschiedenen Getreidearten gebrannt und oft fälschlich *rye* (rai–Roggenwhisky) genannt wird. Richtiger *rye* ist viel stärker und hat ausgeprägten Roggengeschmack.

Obwohl die Amerikaner ihren eigenen Whisky nicht verachten, haben viele eine Vorliebe für schottischen Whisky, der *straight* (sstreejt–unvermischt), *on the rocks* (an ðö rakss– mit Eiswürfeln), mit Soda oder Wasser getrunken wird.

Möchten Sie eine bestimmte Whiskymarke, sagen Sie beispielsweise:

Einen J & B mit Eis, bitte.	**A J & B on the rocks, please.**	ö dʒeej ænd bie an ðö rakss plies

Branntwein	**brandy**	brændi
Gin	**gin**	dʒin
Kognak	**cognac**	konjæk
Likör	**cordial**	kohrdʒöl
Portwein	**port**	pohrt
Rum	**rum**	röm
Sherry	**sherry**	schäri
Wermut	**vermouth**	wörmuhθ
Whisky	**whiskey**	uisski
Wodka	**vodka**	wadkö

Glas	**glass**	glæss
Flasche	**bottle**	batöl
unverdünnt	**straight**	sstreejt
mit Eiswürfeln	**on the rocks**	an ðö rakss

| Ich möchte einen Scotch mit Wasser, bitte. | **I'll have a Scotch and water, please.** | ail hæw ö sskatsch ænd uatör plies |
| Bitte bringen Sie mir einen *stinger**. | **Please bring me a a stinger.** | plies bring mi ö sstingör |

> **BOTTOMS UP!**
> (batöms öp)
> PROSIT!

Andere Getränke

Der Kaffee ist wahrscheinlich weniger stark, als Sie ihn gewohnt sind, jedoch ist die Mischung meistens gut. Amerikaner trinken praktisch den ganzen Tag Kaffee – vor, mit, nach und zwischen den Mahlzeiten. Im Sommer sind eisgekühlter Kaffee und Tee beliebt.

In ausländischen Restaurants und Cafés europäischen Stils können Sie Mokka, Espresso oder türkischen Kaffee bekommen. Versäumen Sie nicht, in New Orleans einen *café brûlot* (kæ**feej** bruh**loo**) zu probieren. Es ist schwarzer, mit

---
* Mischung aus Branntwein und Pfefferminzlikör

Branntwein flambierter Kaffee, der mit Gewürznelken, Zimt, Schale von Zitrusfrüchten und Zucker serviert wird.

In kleineren Gaststätten ist es ratsam, bei der Bestellung von Kaffee anzugeben, wie Sie ihn möchten, denn häufig wird Sahne bereits vorher zugefügt. Falls Sie eine doppelte Portion Sahne wollen, bestellen Sie einen *white coffee* (uait **kof**i–weißen Kaffee) oder auch – besonders im mittleren Westen des Landes – einen *Boston coffee* (**boss**tön **kof**i).

Es wird als geradezu unhöflich angesehen, die Tasse des Gastes leerwerden zu lassen. Wahrscheinlich wird Ihre Tasse stets von neuem aufgefüllt…ohne daß Sie extra dafür bezahlen müssen.

Ich möchte…	I'd like a…	aid laik ö
Brause	soda pop	ssoodö pap
Fruchtsaft	fruit juice	fruht dʒuhss
Pampelmuse	grapefruit	greejpfruht
Zitrone/Apfelsine	lemon/orange	lämön/ohrödʒ
Ananas/Tomate	pineapple/tomato	painæpöl/tömeejtoo
Ingwerbier	ginger ale	dʒindʒör eejl
Kaffee	coffee	kofi
Tasse Kaffee	cup of coffee	köp öw kofi
schwarzen Kaffee	black coffee	blæk kofi
Kaffe mit Sahne	coffee with cream	kofi uið kriem
eisgekühlten Kaffee	iced coffee	aisst kofi
Espresso	espresso coffee	ässprässoo kofi
Kakao	chocolate	tschaklöt
Kola	cola	koolö
künstlich gesüßt	diet cola	daiöt koolö
Limonade	lemonade	lämöneejd
Milch	milk	milk
Milchmischgetränk	milkshake	milkscheejk
Mineralwasser	mineral water	minröl uatör
Orangenlimonade	orangeade	ohröndʒeejd
rootbeer*	rootbeer	ruhtbier
Sodawasser	soda water	ssoodö uatör
Tee	tea	tie
mit Milch/Zitrone	with milk/lemon	uið milk/lämön
eisgekühlten Tee	iced tea	aisst tie
Tonic(wasser)	tonic water	tanik uatör

* aus den Wurzeln verschiedener Kräuter bereitetes Getränk

GASTSTÄTTEN

Leichte Mahlzeiten – Imbisse

Sandwiches geben einen schmackhaften Imbiß ab, der sättigt und zudem nicht viel kostet. Sie bekommen das Sandwich gewöhnlich mit leichtem, fadem Weißbrot, außer Sie verlangen ausdrücklich *rye* (Roggen-), *whole wheat* (Weizen-Vollkorn-) oder eine andere Brotsorte. Sandwiches werden mit den Fingern gegessen.

Merken Sie sich: Heiße Sandwiches wie *hot roast beef* (hat roosst bief–heißes Roastbeef) oder *hot turkey* (hat töhrki–heißes Truthahnfleisch) sind anders zubereitet. Brotscheiben, auf einem Teller ausgelegt, werden mit Roastbeef oder Truthahnfleisch garniert, mit Sauce übergossen und mit Kartoffelpüree serviert.

Die Erdnuß ist ein wichtiger Bestandteil der amerikanischen Küche. Am häufigsten wird sie als *peanut butter* (**pie**nöt **bö**tör–Erdnußbutter) für Sandwicheinlagen verwendet. Auch *corned beef* (koornd bief–gepökeltes Rindfleisch) und *hot pastrami* (hat pöss**strah**mi–geräuchertes, sehr pikantes Rindfleisch), beides heiß serviert, sind beliebte Sandwichfüllungen.

Geben Sie mir eins von diesen, bitte.	I'll have one of those, please.	ail hæw uön öw ðoos plies
Bitte geben Sie mir...	Please give me...	plies giw mi
Brot	some bread	ssöm bräd
Brötchen	some rolls	ssöm rools
Eis	some ice-cream	ssöm **ais**kriem
Kaffeegebäck	some Danish pastries/sweet rolls	ssöm **dee**jnisch **pee**jsstris/ssuiet rools
Kekse	some cookies	ssöm kukis
Konfekt	some candy	ssöm **kæn**di
Kuchen	some cake	ssöm keejk
Pastete	some pie	ssöm pai
Salat	some salad	ssöm **ssæ**löd
Sandwich aus Pariserbrot	a submarine sandwich	ö ssöb**mö**rien ssæn**du**itsch
Tafel Schokolade	a chocolate bar	ö **tscha**klöt bahr

Reisen durch die USA

Flugzeug

Gibt es einen Flug nach St. Louis?	**Is there a flight to St. Louis?**	is där ö flait tu sseejnt luhöss
Ist es ein Flug ohne Zwischenlandung?	**Is it a nonstop flight?**	is it ö nansstap flait
Muß ich umsteigen?	**Do I have to change planes?**	du ai hæw tu tscheejndʒ pleejns
Bekomme ich einen Anschluß nach Salt Lake City?	**Can I make a connection to Salt Lake City?**	kæn ai meejk ö könäkschön tu **ssohlt** leejk **ssi**ti
Ich möchte eine Flugkarte nach New York.	**I'd like a ticket to New York.**	aid laik ö **t**iköt tu nuh **j**ohrk
Was kostet ein Flug nach Los Angeles?	**What's the fare to Los Angeles?**	uatss öö fär tu loss ændʒölöss
Hinflug	**one-way**	uön ueej
Hin- und Rückflug	**roundtrip**	**r**aundtrip
Wann startet die Maschine?	**What time does the plane take off?**	uat taim dös öö pleejn teejk oof
Wann muß ich mich melden?	**What time do I have to check in?**	uat taim du ai hæw tu tschäk in
Wie ist die Flugnummer, bitte?	**What's the flight number?**	uatss öö flait nömbör
Um wieviel Uhr kommen wir an?	**What time do we arrive?**	uat taim du ui öraiw
Gibt es einen Flughafenbus?	**Is there an airport-bus?**	is där ön ärport-böss
Ich möchte meine Reservierung ...	**I'd like to ... my reservation.**	aid laik tu ... mai räsör**w**eejschön
annullieren	**cancel**	känssöl
bestätigen	**confirm**	konföhrm
umbuchen	**change**	tscheejndʒ

ARRIVAL	DEPARTURE	FASTEN SEAT BELTS
LANDUNG	ABFLUG	BITTE ANSCHNALLEN

REISEN IM LANDE

Eisenbahn

Durch *Amtrak,* die National Railroad Passenger Corporation, sind rund 500 Städte und größere Orte im Lande verbunden. Für Auskünfte und Reservierung können Sie kostenlos die Nummer (800) USA-RAIL (oder 872-7245) benutzen.

Falls Sie ausgedehnte Reisen mit dem Zug vorhaben, empfehlen wir Ihnen, einen *U.S.A. Railpass* zu kaufen. Die zeitlich befristete Netzkarte zu stark ermäßigtem Preis ist im Lande selbst nicht erhältlich, Sie müssen sich ihn also vorher über Ihr Reisebüro besorgen.

Reisebus

Der amerikanische Reisebusverkehr ist sehr gut organisiert. Von den mehr als 100 Reisebusgesellschaften haben zwei – *Continental Trailways* und *Greyhound* – ein besonders ausgedehntes Verkehrsnetz. Sie unterhalten nicht nur in den Staaten, sondern auch nach Kanada und Mexiko regelmäßige Busverbindungen. Diese Buslinien bieten einen Schnelldienst zwischen Großstädten und einen Ortsdienst, der die Verbindung zu weit entfernten und abseits gelegenen Orten herstellt.

Die meisten Reisebusse sind mit einer Klimaanlage, viele auch mit Toiletten, Waschbecken und erhöhten Aussichtsplattformen mit zurückklappbaren Sitzen ausgestattet.

Erkundigen Sie sich nach Sonderfahrkarten, die unbeschränktes Reisen während drei Wochen zu einem Pauschalpreis ermöglichen. Auch sonst erhalten Sie für Busfahrkarten, die Sie bereits zu Hause durch Ihr Reisebüro besorgt haben, eine Ermäßigung.

Bahnhof

Die Ausdrücke und Sätze auf den folgenden Seiten gelten mit entsprechenden Änderungen auch für Busreisen.

Wo ist der... Bahnhof/Busbahnhof?	**Where's the... railroad/bus station?**	uärs ðö... reejlrood/böss ssteejschön
Taxi, bitte!	**Cab, please!**	kæb plies
Bringen Sie mich zum ...Busbahnhof/Bahnhof.	**Take me to the... bus/railroad station.**	teejk mi tu ðö... böss/reejlrood ssteejschön
Was kostet es?	**What's the fare?**	uatss ðö fär

ENTRANCE	EINGANG
EXIT	AUSGANG
TO THE TRACKS	ZU DEN BAHNSTEIGEN

Wo ist/sind...?	**Where is/are the...?**	uär is/ahr ðö
Auskunftschalter	**information desk**	infőrmeejschön dässk
Bahnsteig 7	**track 7**	træk 7
Café	**coffee shop**	kofi schap
Fahrkartenschalter	**ticket office**	tiköt oföss
Fundbüro	**lost and found office**	losst ænd faund oföss
Gaststätte	**restaurant**	rässtöront
Gepäckaufgabe	**baggage check**	bægidʒ tschäk
Gepäckschließfächer	**luggage lockers**	lögidʒ lakörs
Herrenfriseur	**barber shop**	bahrbör schap
Platzreservierung	**reservations desk**	räsörweejschön dässk
Wartesaal	**waiting room**	ueejting ruhm
Zeitungsstand	**newsstand**	nuhssstænd
Wo ist die Herren-/Damentoilette?	**Where's the men's room/powder room?**	uärs ðö mäns ruhm/paudör ruhm

Merke: Busfahrer – auch diejenigen, die Ihr Gepäck ein- und ausladen – erhalten kein Trinkgeld.

TAXI, Seite 27

Auskünfte

Wann fährt der... Zug nach Miami?	**When is the... train to Miami?**	uän is ðö ... treejn tu maiæmi
erste/letzte/nächste	**first/last/next**	föhrsst/læsst/näksst
Wann fährt der Zug nach Denver ab?	**What time does the train for Denver leave?**	uat taim dös ðö treejn fohr dänwör liew
Was kostet die Fahrt nach Boston?	**What's the fare to Boston?**	uatss ðö fär tu bosstön
Ist es ein durchgehender Zug?	**Is it a through train?**	is it ö θruh treejn
Wann kommt der Zug in Philadelphia an?	**What time does the train arrive in Philadelphia?**	uat taim dös ðö treejn öraiw in filödälfjö
Hat der Zug einen Speisewagen?	**Is there a dining car on the train?**	is där ö daining kahr an ðö treejn
Führt der Zug einen Schlafwagen?	**Is there a Pullman car on the train?**	is där ö pulmön kahr an ðö treejn
Hält der Zug in Annapolis?	**Does the train stop at Annapolis?**	dös ðö treejn sstap æt ænæpöliss
Auf welchem Gleis fährt der Zug nach Milwaukee ab?	**What track does the train for Milwaukee leave from?**	uat træk dös ðö treejn fohr miluohki liew fröm
Auf welchem Gleis kommt der Zug aus Seattle an?	**What track does the train from Seattle arrive on?**	uat træk dös ðö treejn fröm ssiætöl öraiw an
Auf welchem Bussteig fährt der Bus nach Minneapolis ab?	**What ramp does the bus for Minneapolis leave from?**	uat ræmp dös ðö böss fohr miniæpölöss liew fröm

Merke: In amerikanischen Zügen wird kein Unterschied zwischen Wagen erster und zweiter Klasse gemacht, es gibt auch keine Liegewagen. Wenn Sie einen Platz im Schlafwagen möchten, sollten Sie frühzeitig reservieren.

Zwei Hin-und Rückfahrkarten im Schlafwagen nach Chicago, bitte.	**Two roundtrip Pullman tickets to Chicago, please.**	tuh raundtrip pulmön tikötss tu schikahgoo plies

It's a through train.	Es ist ein durchgehender Zug.
You have to change at...	Sie müssen in...umsteigen.
Change at... and get a local train.	Steigen Sie in...um und nehmen Sie einen Personenzug.
Track...is...	Gleis...ist...
over there/upstairs on the left/on the right	dort drüben/oben links/rechts
There's a train to... at...	Um...fährt ein Zug nach...
Your train will leave from track...	Ihr Zug fährt auf Gleis...
There'll be a delay of... minutes.	Er hat...Minuten Verspätung.

Fahrkarten

Ich möchte eine Fahrkarte nach Baton Rouge.	**I want a ticket to Baton Rouge.**	ai uant ö tiköt tu bætön ruhz
Hinfahrt	**one-way**	uön ueej
Hin- und Rückfahrt	**roundtrip**	**raund**trip
Fährt der Junge/das Mädchen nicht zum halben Preis?	**Isn't it half price for the boy/girl?**	isönt it hæf praiss fohr ðö beu/göhrl
Er/Es ist 13 Jahre alt.	**He's/She's 13.**	hies/schies 13

One-way or roundtrip?	Hinfahrt oder Hin- und Rückfahrt?
How old is he/she?	Wie alt ist er/es?

Merke: Kinder unter 5 Jahren reisen in Zügen gewöhnlich unentgeltlich.

Alles einsteigen...

Fährt der Zug nach Minneapolis auf diesem Gleis?	**Is this the right track for the train to Minneapolis?**	is ðiss ðö rait træk fohr ðö treejn tu miniæpölöss
Ist dies der Zug nach Dallas?	**Is this the right train to Dallas?**	is ðiss ðö rait treejn tu dælöss
Verzeihung, darf ich vorbeigehen?	**Excuse me. May I get by?**	iksskjuhs mi. meej ai gät bai
Ist dieser Platz besetzt?	**Is this seat taken?**	is ðiss ssiet teejkön

> **NO SMOKING**
> NICHTRAUCHER

Ich glaube, das ist mein Platz.	**I think that's my seat.**	ai θink dætss mai ssiet
Würden Sie es mir bitte sagen, wenn wir nach Detroit kommen?	**Would you let me know before we get to Detroit?**	uud ju lät mi noo bifohr ui gät tu ditreut
Wie heißt dieser Ort?	**What station is this?**	uat ssteejschön is ðiss
Wie lange hält der Zug hier?	**How long does the train stop here?**	hau long dös ðö treejn sstap hier
Wann kommen wir in Des Moines an?	**When do we get to Des Moines?**	uän du ui gät tu dimeun

Irgend einmal während der Reise kommt der Schaffner und sagt:

Fahrkarten, bitte!	**Tickets, please!**	tikötss plies

Essen

In vielen Zügen über kurze Strecken gibt es eine Bar für Getränke und Imbisse. Züge auf langen Strecken haben einen *diner* oder *dining car* (Speisewagen).

Erstes/Zweites Essen, bitte.	**First/Second call for dinner.**	föhrsst/ssäkönd kohl fohr dinör
Wo ist der Speisewagen?	**Where's the dining car?**	uärs ðö daining kahr

Auf langen Busfahrten wird von Zeit zu Zeit bei einfachen Gaststätten angehalten, so daß Sie einen Imbiß oder eine Mahlzeit zu sich nehmen können.

Schlafen

Haben Sie noch freie Abteile im Schlafwagen?	**Are there any free compartments in the Pullman car?**	ahr ðär äni frie kömpahrtmöntss in ðö pulmön kahr
Wo ist meine Liege?	**Where's my berth?**	uärs mai böhrθ
Abteile 18 und 19, bitte.	**Compartments 18 and 19, please.**	kömpahrtmöntss 18 ænd 19 plies
Ich möchte eine untere Liege.	**I'd like a lower berth.**	aid laik ö looör böhrθ
Würden Sie bitte unsere Betten machen?	**Would you make up our berths?**	uud ju meejk öp aur böhröss
Würden Sie mich bitte um 7 Uhr wecken?	**Would you call me at 7 o'clock?**	uud ju kohl mi æt 7 öklak
Würden Sie mir morgen früh Kaffee bringen?	**Would you bring me some coffee in the morning?**	uud ju bring mi ssöm kofi in ðö mohrning

Gepäck – Gepäckträger

Würden Sie mir mit meinem Gepäck helfen?	**Can you help me with my bags?**	kæn ju hälp mi uið mai bægs
Bitte stellen Sie es hierher.	**Please put them down here.**	plies put ðöm daun hier

GEPÄCKTRÄGER, siehe ebenfalls Seite 24

Verloren!

Wir hoffen, daß Sie die folgenden Sätze auf Ihrer Reise nicht brauchen – aber man kann ja nie wissen...

Wo ist das Fundbüro?	**Where's the lost-and-found office?**	uärs ðö losst ænd faund oföss
Ich habe... verloren.	**I've lost...**	aiw losst
heute morgen gestern	**this morning yesterday**	ðiss **mohr**ning **jäss**tördi
Ich habe es in... verloren.	**I lost it in...**	ai losst it in
Es ist sehr wertvoll.	**It's very valuable.**	itss **wä**ri **wæl**jöböl

Fahrpläne

Wenn Sie vorhaben, viel mit dem Zug oder Bus zu reisen, raten wir Ihnen, sich in einem Amtrak-Büro oder bei einer Busgesellschaft einen kostenlosen Fahrplan zu besorgen. Für Fahrpläne wird das 12-Stunden-System verwendet: Zeitangaben von 00.01 bis 12.00 mittags sind in magerer, diejenigen von 12.01 bis Mitternacht in fetter Schrift gedruckt.

Ich möchte einen Fahrplan, bitte.	**I'd like a timetable.**	aid laik ö **taim**teejböl

U-Bahn - Hochbahn

Wo ist die nächste U-Bahnstation/Hochbahnstation?	**Where's the nearest subway/«L» station?***	uärs ðö **nie**rösst **ssö**bueej/äl **sstee**jschön
Fährt diese U-Bahn/Hochbahn nach...?	**Does this subway/«L» go to...?**	dös ðiss **ssö**bueej/äl goo tu
Wo muß ich nach... umsteigen?	**Where do I transfer for...?**	uär du ai **trænss**föhr fohr
Ist die nächste Station...?	**Is the next station...?**	is ðö näksst **sstee**jschön

* Die Hochbahn wird einfach «L» (für *elevated train*) genannt.

Bus - Straßenbahn

Wenn Sie die Straßenbahn oder den Stadtbus benutzen wollen, müssen Sie fast überall abgezähltes Fahrgeld bereithalten. Für U- und Hochbahn zahlen Sie meistens an einem Schalter und gehen durch ein Drehkreuz auf den Bahnsteig. Vielerorts kann man zu ermäßigtem Preis mehrere *tokens* (Metallmarken) kaufen. Man steckt Sie entweder in einen Schlitz am Drehkreuz oder gibt Sie dem Bahnsteigschaffner. Fahrkarten- und Fahrpreissystem sind von einer Stadt zur andern verschieden. Erkundigen Sie sich jeweils an Ort und Stelle oder beobachten Sie, wie andere Leute die öffentlichen Verkehrsmittel benutzen.

Ich möchte einige Metallmarken.	**I'd like some tokens.**	aid laik ssöm tooköns
Wo kann ich einen Bus zum Metropolitan Museum nehmen?	**Where can I get a bus to the Metropolitan Museum?**	uär kæn ai gät ö böss tu ðö mätröpalötön mjusieöm
Welcher Bus fährt zum Washington-Denkmal?	**What bus do I take for the Washington Monument?**	uat böss du ai teejk fohr ðö uaschingtön manjömönt
Wo ist die Bushaltestelle?	**Where's the bus stop?**	uärs ðö böss stap
Wann fährt der... Bus zum Zoo?	**When is the... bus to the zoo?**	uän is ðö... böss tu ðö suh
erste/letzte/nächste	**first/last/next**	föhrsst/læsst/näksst
Wie oft fährt der Bus nach Berkeley?	**How often do the buses to Berkeley run?**	hau oofön du ðö bössös tu böhrkli rön
Wieviel kostet es nach...?	**How much is the fare to...?**	hau mötsch is ðö fär tu
Muß ich umsteigen?	**Do I have to transfer buses?**	du ai hæw tu trænssföhr bössös
Wie lange dauert die Fahrt?	**How long does the trip take?**	hau long dös ðö trip teejk
Würden Sie mir bitte sagen, wann ich aussteigen muß?	**Will you tell me when to get off?**	uil ju täl mi uän tu gät oof

Ich möchte am Hollywood Boulevard aussteigen.	**I want to get off at Hollywood Boulevard.**	ai uant tu gät oof æt haliuud bulöwahrd
Bitte lassen Sie mich an der nächsten Haltestelle aussteigen.	**Please let me off at the next stop.**	plies lät mi oof æt öö näksst sstap

BUS STOP	BUSHALTESTELLE
STOPS ON REQUEST	BEDARFSHALTESTELLE

Boot - Schiff - Frachter

Haben Sie Zeit und sind Sie abenteuerlustig? Dann können Sie einmal eine Fahrt auf einem Fracht- oder Dampfschiff auf der Wasserstraße durch den Sankt-Lorenz-Strom und die Großen Seen unternehmen. Beinahe fünfzig Dampfschifffahrtlinien unterhalten regelmäßige Kurse zwischen dem Atlantischen Ozean und den Seehäfen bis nach Chicago – außer im Winter, wenn die Seen teilweise zugefroren sind.

Die *Delta Queen,* der letzte der stattlichen Raddampfer auf dem Mississippi, legt in über hundertzehn Städten in insgesamt siebzehn verschiedenen Staaten an.

Oder benutzen Sie zur Abwechslung ein anderes Verkehrsmittel:

Boot	**boat**	boot
Hausboot	**houseboat**	haussboot
Motorboot	**motorboat**	mootörboot
Ruderboot	**rowboat**	rooboot
Segelboot	**sailboat**	sseejlboot
Fahrrad	**bicycle**	baissiköl
Hubschrauber	**helicopter**	hälikapter
Luftkissenfahrzeug	**hovercraft**	höwörkræft
Moped	**motor-bike**	mootörbaik
Motorrad	**motorcycle**	mootörssaiköl
Reiten	**horseback riding**	hohrssbæk raiding
Trampen	**hitchhiking**	hitschhaiking

Und wenn Sie wirklich nicht mehr weiter kommen, können Sie immer noch...

zu Fuß gehen	**go walking**	goo uohking

REISEN IM LANDE

In der Stadt - Besichtigungen

Hier befassen wir uns mit der kulturellen Seite des Lebens in den Städten. Für Unterhaltung, siehe Seite 80.

Können Sie mir einen guten Reiseführer von...empfehlen?	**Can you recommend a good guide book for...?**	kæn ju räkömänd ö gud gaid book fohr
Gibt es ein Fremdenverkehrsbüro?	**Is there a tourist office?**	is där ö tuhrösst oföss
Wo ist die Auskunftsstelle?	**Where's the information office?**	uärs ðö införmeejschön oföss
Welches sind die wichtigsten Sehenswürdigkeiten?	**What are the main points of interest?**	uat ahr ðö meejn peuntss öw intrösst
Wir sind...hier.	**We're here for...**	uier hier fohr
nur einige Stunden	**only a few hours**	oonli ö fjuh aurs
einen Tag	**a day**	ö deej
drei Tage	**three days**	θrie deejs
eine Woche	**a week**	ö uiek
Können Sie eine Stadtrundfahrt empfehlen?	**Can you recommend a sightseeing tour?**	kæn ju räkömänd ö ssaitssieing tuhr
Wo fährt der Bus ab?	**Where does the bus start from?**	uär dös ðö böss sstahrt fröm
Holt er uns im Hotel ab?	**Will it pick us up at the hotel?**	uil it pik öss öp æt ðö hootäl
Welchen Bus/welche Straßenbahn müssen wir nehmen?	**What bus/streetcar do we take?**	uat bös/sstrietkahr du ui teejk
Wieviel kostet die Rundfahrt?	**How much does the tour cost?**	hau mötsch dös ðö tuhr kosst
Um wieviel Uhr beginnt die Rundfahrt?	**What time does the tour start?**	uat taim dös ðö tuhr sstahrt
Wir möchten einen Wagen für einen Tag mieten.	**We'd like to rent a car for the day.**	uied laik tu ränt ö kahr fohr ðö deej

ZEITANGABEN, Seite 178

BESICHTIGUNGEN

Gibt es einen deutschsprechenden Fremdenführer?	Is there a German-speaking guide?	is ðär ö dʒöhrmön-sspieking gaid
Wo ist/sind...?	Where is/Where are the...?	uär is/uär ahr ðö
Altstadt	old city	oold ssiti
Aquarium	aquarium	ökuæriöm
Ausstellung	exhibition	äkssöbischön
Bibliothek	library	laibröri
Börse	stock exchange	sstak äksstscheejndʒ
Botanischer Garten	botanical gardens	bötænököl gahrdöns
Brunnen	fountain	fauntön
Denkmal	monument	manjömönt
Einkaufszentrum	shopping center	schaping ssäntör
Fabrik	factory	fæktöri
Fernsehstudios	television studios	tälöwiʒön sstuudioos
Festung	fort	fohrt
Friedhof	cemetery	ssämötöri
Gärten	gardens	gahrdöns
Gebäude	building	bilding
Gericht	court house	kohrt hauss
Geschäftsviertel	business district	bisnöss disstrikt
Glashütte	glass-works	glæss uöörkss
Gouverneurspalast	governor's mansion	gövnörs mænschön
Grab	tomb	tuhm
Hafen	harbor	hahrbör
Höhle	cave	keejw
Innenstadt	downtown area	dauntaun äriö
Kai	docks	dakss
Kapitol	Capitol	kæpötöl
Kathedrale	cathedral	köθiedröl
Kirche	church	tschöörtsch
Kongreßhalle	congress hall	kanggräss hohl
Konzerthalle	concert hall	kanssört hohl
Kunstgalerie	art gallery	ahrt gælöri
Künstlerviertel	artist's quarter	ahrtössstss kuohrtör
Markt	market	mahrköt
Moschee	mosque	massk
Museum	museum	mjusieöm
Oberster Gerichtshof	supreme court	ssöpriem kohrt
Observatorium	observatory	äbsöhrvötoori
Oper	opera house	aprö hauss
Park	park	pahrk
Parlamentsgebäude	state house	ssteejt hauss
Planetarium	planetarium	plænötäriöm
Rathaus	city hall	ssiti hohl

Schrein	**shrine**	schrain
See	**lake**	leejk
Stadion	**stadium**	ssteejdiöm
Statue	**statue**	sstætschuh
Synagoge	**synagogue**	ssinigag
Tempel	**temple**	tämpöl
Theater	**theater**	θieötör
Turm	**tower**	tauör
Universität	**university**	junövöhrssöti
Weißes Haus	**White House**	uait hauss
Wolkenkratzer	**skyscraper**	sskaisskreejpör
Zoo	**zoo**	suh

Eintritt

Ist…sonntags geöffnet?	**Is…open on Sundays?**	is…oopön an ssöndis
Wann öffnet/schließt es?	**When does it open/close?**	uän dös it oopön/kloos
Was kostet der Eintritt?	**How much is the entrance fee?**	hau mötsch is ðö äntrönss fie
Gibt es für… Ermäßigung?	**Is there any reduction for…?**	is ðär äni ridökschön fohr
Studenten/Kinder	**students/children**	sstuhdöntss/tschildrön
Hier sind unsere Eintrittskarten.	**Here are our tickets.**	hier ahr aur tikötss
Haben Sie einen Reiseführer in deutscher Sprache?	**Have you a guide book in German?**	hæw iu ö gaid buk in dʒöhrmön
Kann ich einen Katalog kaufen?	**Can I buy a catalog?**	kæn ai bai ö kætölag
Darf man hier photographieren?	**Is it all right to take pictures?**	is it ool rait tu teejk piktschörs

ADMISSION FREE	EINTRITT FREI
NO CAMERAS ALLOWED	PHOTOGRAPHIEREN VERBOTEN

BESICHTIGUNGEN

Wer - Was - Wann?

Was für ein Gebäude ist das?	**What's that building?**	uatss ðæt bilding
Wer war der...?	**Who was the...?**	huh uös ðö
Architekt	**architect**	ahrkötäkt
Bildhauer	**sculptor**	sskölptör
Künstler	**artist**	ahrtösst
Maler	**painter**	peejntör
Wer hat es gebaut?	**Who built it?**	huh bilt it
Wer hat dieses Bild gemalt?	**Who painted that picture?**	huh peejntöd ðæt piktschör
Wann hat er gelebt?	**When did he live?**	uän did hi liw
Wo ist das Haus, in dem...lebte?	**Where's the house where...lived?**	uärs ðö hauss uär...liwd
Wir interessieren uns für...	**We're interested in...**	uier intrösstöd in
Antiquitäten	**antiques**	æntiekss
Archäologie	**archaeology**	ahrkialödʒi
Bildhauerei	**sculpture**	skölptschör
Botanik	**botany**	batöni
Flora und Fauna	**wild life**	uaild laif
Geologie	**geology**	dʒialödʒi
Geschichte	**history**	hisstri
Indianerkunst- gewerbe	**Indian arts and crafts**	indjön ahrtss ænd kræftss
Keramik	**ceramics**	ssöræmikss
Kunst	**art**	ahrt
Kunsthandwerk	**crafts**	kræftss
Malerei	**painting**	peejnting
Medizin	**medicine**	mädössön
Möbel	**furniture**	föhrnitschör
Münzen	**coins**	keuns
Musik	**music**	mjuhsik
Naturgeschichte	**natural history**	nætschöröl hisstri
schöne Künste	**fine arts**	fain ahrtss
Töpferei	**pottery**	patöri
Urgeschichte	**prehistory**	priehisstri
Vogelkunde	**ornithology**	ohrnöθalödʒi
Zoologie	**zoology**	ssoalödʒi
Wo ist die ...abteilung?	**Where's the ...department?**	uärs ðö...dipahrtmönt

BESICHTIGUNGEN

Hier ist das passende Adjektiv!

Es ist...	It's...	itss
düster	**gloomy**	gluhmi
eindrucksvoll	**impressive**	imprässiw
erschreckend	**terrifying**	täröfaiing
erstaunlich	**amazing**	ömeejsing
finster	**sinister**	ssinösstör
gewaltig	**monumental**	manjömäntöl
häßlich	**ugly**	ögli
herrlich	**superb**	ssupöhrb
interessant	**interesting**	intrössting
phantastisch	**tremendous**	trömändöss
prächtig	**magnificent**	mægnifössönt
scheußlich	**awful**	ohföl
schön	**beautiful**	bjuhtiföl
schrecklich	**terrible**	täröböl
seltsam	**strange**	sstreejndʒ
überwältigend	**overwhelming**	oowöruälming

Gottesdienste

In Amerika gibt es mehr als hundert verschiedene Religionen und Sekten. Die meisten Amerikaner sind Protestanten (viele davon Baptisten), während ein Drittel der amerikanischen Christen der römisch-katholischen Kirche angehört. Der griechisch-orthodoxe und der jüdische Glaube sind besonders stark in den Industrie- und Geschäftszentren vertreten. In großen Städten werden wahrscheinlich auch Gottesdienste in deutscher Sprache gehalten.

Gibt es in der Nähe eine...?	**Is there a...near here?**	is ðär ö...nier hier
katholische Kirche	**Catholic church**	kæθölik tschöhrtsch
protestantische Kirche	**Protestant church**	pratösstönt tschöhrtsch
orthodoxe Kirche	**Orthodox church**	ohrθodakss tschöhrtsch
Synagoge	**synagogue**	sinigag
Wann beginnt...?	**At what time is...?**	
Wo kann ich einen... finden, der Deutsch spricht?	**Where can I find a...who speaks German?**	uär kän ai faind ö... huh sspiekss dʒöhrmön
Priester/Geistlichen/ Rabbiner	**priest/minister/ rabbi**	priesst/minösstör/ræbai

Unterhaltung

Kino - Theater

Kinovorstellungen sind üblicherweise durchgehend. Sie bestehen aus einer Wochenschau, einem Zeichentrickfilm, einem Dokumentarfilm und zwei Hauptfilmen *(double feature)*. In Großstadtkinos, die Erstaufführungen bieten, wird nur ein Film gespielt. Wahrscheinlich müssen Sie für bestimmte Vorstellungen Plätze im voraus bestellen.

Beliebt sind *drive-in movie theaters* (Kinos für Autofahrer): Sie fahren auf einen riesigen Parkplatz und sehen sich den Film von Ihrem Wagen aus an. Ein Lautsprecher wird Ihnen durchs Wagenfenster gereicht.

Theatervorstellungen beginnen gewöhnlich um 20.30 Uhr. Vorbestellung der Plätze ist ratsam. Für Broadway-Vorstellungen werden – falls vorhanden – Plätze für denselben Tag zum halben Preis verkauft. Was auf dem Programm steht, ersehen Sie aus Zeitungen und Anschlägen. In den meisten größeren Städten können Sie eine Broschüre wie *This Week in…* (Veranstaltungskalender von…) bekommen.

Haben Sie den Veranstaltungskalender von…?	**Do you have a copy of "This Week in…"?**	du ju hæw ö kapi öw điss uiek in
Was läuft heute abend im Kino?	**What's showing at the movies tonight?**	uatss schooing æt đö muhwis tönait
Können Sie… empfehlen?	**Can you recommend…?**	kæn ju räkömänd
guten Film	a good film	ö gud film
Lustspiel	a comedy	ö kamödi
etwas zur leichten Unterhaltung	something light	ssömθing lait
Schauspiel	a drama	ö dræmö
Musical	a musical	ö mjuhsiköl
Revue	a revue	ö riwjuh
Kriminalfilm	a thriller	ö θrilör
Wildwestfilm	a Western	ö uässtörn

Was wird im Theater gegeben?	**What's playing at the...theater?**	uatss pleejing æt ðö... θieötör
Was für ein Stück ist es?	**What sort of play is it?**	uat ssohrt öw pleej is it
Wer hat es geschrieben?	**Who's it by?**	huhs it bai
In welchem Theater wird das neue Stück von...gegeben?	**At what theater is that new play by... being performed?**	æt uat θieötör is ðæt nuh pleej bai... bieing pörfohrmd
Mit welchen Schauspielern?	**Who's in it?**	huhs in it
Wer ist der Regisseur?	**Who's the director?**	huhs ðö döräktör
Um wieviel Uhr beginnt die Vorstellung?	**What time does it begin?**	uat taim dös it bigin
Wann ist die Vorstellung zu Ende?	**What time does the show end?**	uat taim dös ðö schoo änd
Wann beginnt die Abendvorstellung?	**At what time does the evening performance start?**	æt uat taim dös ði iewning pörfohrmönss sstahrt
Haben Sie noch Karten für heute abend?	**Are there any tickets for tonight?**	ahr ðär äni tikötss fohr tönait
Wieviel kosten die Karten?	**How much are the tickets?**	hau mötsch ahr ðö tikötss
Ich möchte 2 Karten für die Vorstellung am Freitagabend bestellen.	**I want to reserve 2 tickets for the show on Friday evening.**	ai uant tu risöhrw 2 tikötss fohr ðö schoo an fraidi iewning
Ich möchte eine Eintrittskarte für die Nachmittagsvorstellung vom nächsten Dienstag.	**Can I have a ticket for the matinée on Tuesday?**	kæn ai hæw ö tiköt fohr ðö mætöneej an tuhsdi
Ich möchte einen Platz im Parkett.	**I want a seat in the orchestra.**	ai uant ö ssiet in ðö ohrkösströ
Nicht zu weit hinten.	**Not too far back.**	nat tuh fahr bæk
Irgendwo in der Mitte.	**Somewhere in the middle.**	ssömuär in ðö midöl
Wieviel kosten die Karten für den ersten Rang?	**How much are the seats on the mezzanine?**	hau mötsch ahr ðö ssietss an ðö mäsönien

UNTERHALTUNG

Geben Sie mir bitte ein Programm.*	**May I please have a program?**	meej ai plies hæw ö proogræm
Kann ich den Mantel abgeben?	**Can I check this coat?**	kæn ai tschäk ðiss koot

☞   ☜

I'm sorry, we're sold out.	Es tut mir leid, wir haben keine Karten mehr.
There are only a few seats left on the mezzanine.	Es gibt nur noch einige Plätze im ersten Rang.
May I see your ticket?**	Kann ich bitte Ihre Karte sehen?
This is your seat.	Dies ist Ihr Platz.

Oper - Ballett - Konzert

Wo ist das Opernhaus?	**Where's the opera house?**	uärs ðö aprö hauss
Wo ist die Konzerthalle?	**Where's the concert hall?**	uärs ðö **kans**sört hohl
Was wird heute abend in der Oper gegeben?	**What's on at the opera tonight?**	uatss an æt ðö aprö tönait
Wer singt?	**Who's singing?**	huhs **s**singing
Wer tanzt?	**Who's dancing?**	huhs dænssing
Um wieviel Uhr beginnt die Vorführung?	**What time does the program start?**	uat taim dös ðö **proo**græm sstaht
Welches Orchester spielt?	**What orchestra is playing?**	uat **ohr**kösströ is **plee**jing
Was wird gespielt?	**What are they playing?**	uat ahr ðeej **plee**jing
Wer ist der Dirigent?	**Who's the conductor?**	huhs ðö kön**dök**tör

UNTERHALTUNG

* Programme sind kostenlos, jedoch können Sie sich am Eingang ausführlichere Programmausgaben zur Erinnerung kaufen.
** Platzanweiser erwarten kein Trinkgeld.

Nachtlokale

Nachtklubs ähneln sich in der ganzen Welt, besonders was die hohen Preise angeht.

Nevada ist nicht nur ein Paradies für Spieler, sondern auch für alle, die sich in einem Nachtklub unterhalten möchten. In Las Vegas finden Sie verschiedene bekannte Vergnügungsstätten, wo erstklassige Künstler aus den USA und dem Ausland auftreten.

Wenn Sie sich etwas danach umsehen, finden Sie auch Lokale, wo Sie sich zu vernünftigen Preisen gut unterhalten können. Am besten erkundigen Sie sich, bevor Sie bestellen – und rechnen Sie die verschiedenen Preiszuschläge mit ein.

Können Sie ein gutes Nachtlokal empfehlen?	**Can you recommend a good night-club?**	kæn ju räkömänd ö gud naitklöb
Gibt es Attraktionen?	**Is there a floor show?**	is där ö flohr schoo
Um wieviel Uhr beginnt das Programm?	**What time does the floor show start?**	uat taim dös öö flohr schoo sstahrt
Ist Abendkleidung erforderlich?	**Is evening dress necessary?**	is iewnıng dräss nässössäri

Und drinnen...

Einen Tisch für 2 Personen, bitte.	**A table for 2, please.**	ö teejböl fohr 2 plies
Mein Name ist...Ich habe einen Tisch für 4 Personen reservieren lassen.	**My name's...I reserved a table for 4.**	mai neejms...ai risöhrwd ö teejböl fohr 4
Ich habe Sie vorhin angerufen.	**I telephoned you earlier.**	ai tälöfoond ju öhrliör
Wir haben nicht reservieren lassen.	**We haven't got a reservation.**	ui hæwönt gat ö räsörweejschön

Tanzen

Wo können wir tanzen gehen?	**Where can we go dancing?**	uär kæn ui goo **dæn**ssing
Gibt es hier irgendwo eine Diskothek?	**Is there a discotheque in town?**	is ðär ö **diss**kötäk in taun
Im...findet eine Tanzveranstaltung statt.	**There's a dance at the...**	ðärs ö dænss æt ðö
Möchten Sie tanzen?	**Would you like to dance?**	uud ju laik to dænss
Darf ich um diesen Tanz bitten?	**May I have this dance?**	meej ai hæw ðiss dænss

Spielen Sie etwa...?

An einem verregneten Tag können Ihnen diese Sätze vielleicht nützlich sein.

Spielen Sie etwa Schach?	**Do you happen to play chess?**	du ju **hæ**pön tu pleej tschäss
Nein, leider nicht.	**I'm afraid I don't.**	aim ö**freejd** ai doont
Nein, aber ich spiele gern eine Partie Dame mit Ihnen.	**No, but I'll have you a game of checkers.**	noo böt ail hæw ju ö geejm öw **tschä**körs
König	**king**	king
Dame	**queen**	kuien
Turm	**castle/rook**	**kæ**ssöl/ruk
Läufer	**bishop**	**bi**schöp
Springer	**knight**	nait
Bauer	**pawn**	pohn
Schachmatt	**check mate**	tschäk meejt
Spielen Sie Karten?	**Do you play cards?**	du ju pleej kahrds
Bridge	**bridge**	bridʒ
Canasta	**canasta**	kö**næss**tö
Poker	**poker**	**poo**kör
Rommé	**gin rummy**	dʒin **rö**mi
Siebzehn und Vier	**blackjack**	**blæk**dʒæk
Whist	**whist**	uisst

As	**ace**	eejss
König	**king**	king
Dame	**queen**	kuien
Bube	**jack**	dʒæk
Joker	**joker**	dʒookör
Herz	**hearts**	hahrtss
Karo	**diamonds**	daimönds
Kreuz	**clubs**	klöbs
Pik	**spades**	sspeejds

Kasino

Nevada ist der einzige Staat, in dem Spielen gesetzlich erlaubt ist. Las Vegas und Reno sind berühmt für ihre Kasinos, die Tag und Nacht geöffnet sind. Sie können dort würfeln, an Automaten spielen oder Ihr Glück mit Roulette versuchen. Diese Vergnügungen finden jedoch auch außerhalb der Kasinos statt. Ganze Reihen von Spielautomaten einarmige Banditen genannt – sind in Restaurants und Nahrungsmittelläden aufgestellt. Auf diese Weise können Sie Ihr Kleingeld ohne Schwierigkeiten loswerden.

Sport

Wenn Sie sich für Sport interessieren, sollten Sie sich die eine oder andere Veranstaltung einer typisch amerikanischen Sportart nicht entgehen lassen. Die beliebtesten werden regelmäßig durch das Fernsehen übertragen, so daß Sie ein Spiel auch auf dem Fernsehschirm Ihres Hotels verfolgen können.

Baseball ist eine Art Schlagball, der auf einem rautenförmigen Spielfeld, *diamond* genannt, gespielt wird. Die meisten Großstädte haben ihre eigenen Professionalmannschaften, die von April bis Oktober ihre Spiele austragen. Sie werden aber auch überall Amateurmannschaften spielen sehen.

Football. Der amerikanische Fußball ist eine Abart des Rugbyspiels, hat also mit unserem Fußball wenig gemein. Ziel der angreifenden Mannschaft ist es, den eirunden Lederball über das Feld zur gegnerischen Ziellinie zu tragen, und die verteidigende Mannschaft versucht mit allen Mitteln, den ballbesitzenden Gegner zu stoppen und zu Boden zu bringen. Wenn die Spieler – viele von ihnen wiegen 90 oder 100 Kilo – in vollem Tempo zusammenprallen, gibt es trotz Schutzhelmen und Polsterschutz häufig Verletzte. Aber das gehört zu diesem harten, ja brutalen Sport. Die Spiele der Professional- und Universitätsmannschaften sind meist ausverkauft, dafür erhalten Sie vielleicht Karten für ein Spiel zwischen Schulmannschaften. Allein schon die Anfeuerungsrufe der Anhänger und die Umzüge der Musikkorps während der Pause lohnen den Besuch.

Basketball, eine Art Korbball, wird von Professional- und Schulmannschaften von Oktober bis April in Hallen gespielt. Die Spieler sind fast alle über 1,80 m groß, und solche von 2 m oder 2,10 m sind keine Seltenheit.

Freistilringen, Boxen, Pferde- und Automobilrennen sind ebenfalls beliebt, doch handelt es sich eher um regionale Sportarten. Eishockey, früher fast nur im Nordosten und Mittleren Westen bekannt, wird heute von Professionalmannschaften auch in Kalifornien und im Süden gespielt.

Wenn Sie selbst Sport treiben möchten, finden Sie ohne Schwierigkeiten öffentliche und private Schwimmbäder, Tennis- und Golfplätze. Je nach Gegend und Jahreszeit finden Sie in Amerika Gelegenheit, sämtliche Sommer- und Wintersportarten auszuüben.

Wo ist der nächste Golfplatz?	**Where's the nearest golf course?**	uärs ðö nierösst galf kohrss
Können wir Golfschläger mieten?	**Can we rent clubs?**	kæn ui ränt klöbs
Wo sind die Tennisplätze?	**Where are the tennis courts?**	uär ahr ðö tänöss kohrtss
Kann ich Tennisschläger mieten?	**Can I rent rackets?**	kæn ai ränt rækötss
Was kostet es pro...?	**What's the charge per...?**	uatss ðö tschahrdʒ pör
Tag/Runde/Stunde	**day/round/hour**	deej/raund/aur
Wo ist die nächste Pferderennbahn?	**Where's the nearest race track?**	uärs ðö nierösst reejss træk
Was kostet der Eintritt?	**What's the admission charge?**	uatss ðö ödmischön tschahrdʒ
Gibt es hier ein Schwimmbad?	**Is there a swimming pool here?**	Is ðär ö ssuiming puhl hier
Ist es ein Freibad oder ein Hallenbad?	**Is it open-air or indoors?**	is it oopön-är ohr indohrs
Ist es geheizt?	**Is it heated?**	is it hietöd
Kann man im See/Fluß baden?	**Can one swim in the lake/river?**	kæn uön ssuim in ðö leejk/riwör
Ich möchte gern ein Baseballspiel sehen.	**I'd like to see a baseball game.**	aid laik tu ssie ö beejssbohl geejm
Können Sie mir zwei Eintrittskarten besorgen?	**Can you get me a couple of tickets?**	kæn ju gät mi ö köpöl öw tikötss
Findet an diesem Samstag irgendwo ein Fußballspiel* statt?	**Is there a football game anywhere this Saturday?**	is där ö futbohl geejm äniuär diss ssætördi
Wer spielt?	**Who's playing?**	huhs pleejing

* amerikanischer Fußball; unser Fußballspiel wird *soccer* (ssakör) genannt

Kann man hier in der Nähe angeln?	**Is there any good fishing around here?**	is ðär äni gud fisching öraund hier
Braucht man einen Angelschein?	**Do I need a permit?**	du ai nied ö pörmit
Wo kann ich einen bekommen?	**Where can I get one?**	uär kæn ai gät uön

Am Strand

Kann man ohne Gefahr schwimmen?	**Is it safe for swimming?**	is it sseejf fohr ssuiming
Gibt es einen Rettungsdienst?	**Is there a lifeguard?**	is ðär ö laifgahrd
Ist es ungefährlich für Kinder?	**Is it safe for children?**	is it sseejf fohr tschildrön
Die See ist sehr ruhig.	**The sea is very calm.**	ðö ssie is wäri kalm
Die See geht recht hoch.	**There are some big waves.**	ðär ahr ssöm big ueejws
Gibt es gefährliche Strömungen?	**Are there any dangerous currents?**	ahr ðär äni deejndjöröss kööröntss
Um wieviel Uhr ist Flut/Ebbe?	**What time is high tide/low tide?**	uat taim is hai taid/loo taid
Wie ist die Wassertemperatur?	**What's the temperature of the water?**	uatss ðö tämprötschör öw ðö uatör
Ich möchte... mieten.	**I want to rent...**	ai uant tu ränt
Badekabine	**a bathing hut**	ö beejðing höt
Brett zum Wellenreiten	**a surfboard**	ö ssöhrfbohrd
Liegestuhl	**a deck chair**	ö däk tschär
Luftmatratze	**an air mattress**	ön är mætröss
Sonnenschirm	**a sunshade**	ö sönscheejd
Tauchausrüstung	**some skin-diving equipment**	ssöm sskindaiwing ikuipmönt
Wasserschier	**some water skis**	ssöm uatör sskies
Zelt	**a tent**	ö tänt

NO BATHING	**PRIVATE BEACH**
BADEN VERBOTEN	PRIVATSTRAND

Wo kann ich…mieten?	**Where can I rent…?**	uär kæn ai ränt
Motorboot	**a motorboat**	ö mootörboot
Paddelboot	**a canoe**	ö könuh
Ruderboot	**a rowboat**	ö rooboot
Segelboot	**a sailboat**	ö sseejlboot
Wieviel kostet es pro Stunde?	**What's the charge per hour?**	uatss öö tschahrdʒ pör aur

Wintersport

Gibt es in der Nähe eine Eisbahn?	**Is there a skating rink near here?**	is där ö **sskeej**ting rink nier hier
Ich möchte Schlittschuhe mieten.	**I want to rent some skates.**	ai uant tu ränt ssöm sskeejtss
Wie sind die Schneeverhältnisse in Squaw Valley?	**What are the skiing conditions like at Squaw Valley?**	uat ahr öö **sskie**ing köndischöns laik æt sskuoh wæli
Kann ich dort Schiunterricht nehmen?	**Can I take skiing lessons there?**	kæn ai teejk **sskie**ing lässöns där
Gibt es Schilifts?	**Are there ski lifts?**	ahr där sskie liftss
Ich möchte…mieten.	**I want to rent…**	ai uant tu ränt
Rodelschlitten	**a toboggan**	ö töbagön
Schiausrüstung	**some skiing equipment**	ssöm **sskie**ing ikuipmönt
Schier	**some skis**	ssöm sskies
Schistöcke	**some poles**	ssöm pools
Schlitten	**a sled**	ö ssläd
Schlittschuhe	**some ice skates**	ssöm aiss sskeejtss
Stiefel	**some boots**	ssöm buhtss

UNTERHALTUNG

Camping - Auf dem Lande

Beinahe alle Naturschutzparks und öffentlichen Wälder (es gibt solche des Bundes und der Einzelstaaten) haben Campingplätze. Manchmal ist es auch möglich, in Indianerreservationen oder auf privaten Campingplätzen zu zelten. Im Sommer sind die Campingplätze sehr stark besucht. Oft können Sie jedoch im voraus einen Platz reservieren lassen.

Können wir hier zelten?	**Can we camp here?**	kæn ui kæmp hier
Wo können wir für eine Nacht zelten?	**Where can one camp for the night?**	uär kæn uön kæmp fohr ðö nait
Gibt es einen Campingplatz in der Nähe?	**Is there a camping site near here?**	is där ö **kæm**ping ssait nier hier
Dürfen wir auf Ihrem Feld zelten?	**May we camp in your field?**	meej ui kæmp in johr field
Können wir unseren Wohnwagen hier abstellen?	**Can we park our trailer here?**	kæn ui pahrk aur **tree**jlör hier
Dürfen wir ein Feuer machen?	**May we make a fire?**	meej ui meejk ö fair
Gibt es Trinkwasser?	**Is there drinking water?**	is där **drin**king **ua**tör
Gibt es Einkaufsmöglichkeiten auf dem Platz?	**Are there shopping facilities on the site?**	ahr där äni **scha**ping **fössi**lötis an ðö ssait
Gibt es...?	**Are there...?**	ahr där
Bäder	**baths**	bæθss
Duschen	**showers**	**schau**örs
Toiletten	**toilets**	**teu**lötss
Wieviel kostet es...?	**What's the charge...?**	uatss ðö tschahrdʒ
pro Tag	**per day**	pör deej
pro Person	**per person**	pör **pöhr**sson
pro Wagen	**for a car**	fohr ö kahr
pro Zelt	**for a tent**	fohr ö tänt
pro Wohnwagen	**for a trailer**	fohr ö **tree**jlör

CAMPINGAUSRÜSTUNG, Seite 118

Gibt es hier in der Nähe eine Jugendherberge?	**Is there a youth hostel near here?**	is ðär ö juhθ hasstöl nier hier
Kennen Sie jemanden, bei dem wir übernachten könnten?	**Do you know anyone who can put us up for the night?**	du ju noo äniuan huh kæn put öss öp fohr ðö nait

NO CAMPING	**NO TRAILERS**
ZELTEN VERBOTEN	KEINE WOHNWAGEN

Zur Orientierung

Bach	**brook**	bruk
Bauernhof	**farm**	fahrm
Baum	**tree**	trie
Berg	**mountain**	mauntön
Bergkette	**mountain range**	mauntön reejndʒ
Bergspitze	**peak**	piek
Brücke	**bridge**	bridʒ
Brunnen	**well**	uäl
Dorf	**village**	wilidʒ
Dünen	**dunes**	duhns
Eisenbahngleis	**railroad tracks**	reejlrood träkss
Fähre	**ferry**	färi
Feld	**field**	field
Feldweg	**track**	träk
Fluß	**river**	riwör
Fußweg	**footpath**	futpæθ
Gebäude	**building**	bilding
Haus	**house**	hauss
Häuschen	**cottage**	katidʒ
Hügel	**hill**	hil
Indianerreservation	**Indian reservation**	indiön räsörweejschön
Kanal	**canal**	könæl
Kirche	**church**	tschöhrtsch
Klippe	**cliff**	klif
Lagune	**lagoon**	löguhn
Landstraße	**highway**	haiueej
Meer	**sea**	ssie
Moor	**marsh**	mahrsch
Pfad	**path**	pæθ
Plantage	**plantation**	plænteejschön
Quelle	**spring**	sspring

CAMPING – AUF DEM LANDE

Deutsch	English	Aussprache
Scheune	**barn**	bahrn
See	**lake**	leejk
Straße	**road**	rood
Straßenkreuzung	**crossroads**	**kross**roods
Sumpf	**swamp/bayou***	ssuæmp/**baiuh**
Tal	**valley**	**wæ**li
Teich	**pond**	pand
Wald	**forest**	**foh**rösst
Wasserfall	**waterfall**	**ua**törfohl
Wasserturm	**water tower**	**uatör tauör**
Weiher	**pool**	puhl
Weinberg	**vineyard**	**win**jörd
Wüste	**desert**	**dä**sört
Wie weit ist es nach...?	**How far is it to...?**	hau fahr is it tu
Wie weit ist es bis zur nächsten Stadt?	**How far is the next town?**	hau fahr is ðö **näks**st taun
Wie heißt diese Stadt?	**What's the name of this town?**	uatss ðö neejm öw ðiss taun
Sind wir auf der richtigen Straße nach...?	**Are we on the right road for...?**	ahr ui an ðö rait rood fohr
Wohin führt diese Straße?	**Where does this road lead to?**	uär dös ðiss rood lied tu
Würden Sie uns bitte auf der Karte zeigen, wo wir sind?	**Can you show us on the map where we are?**	kæn ju schoo öss an ðö mæp uär ui ahr
Wie heißt dieser Fluß?	**What's the name of that river?**	uatss ðö neejm öw ðæt **ri**wör
Wie hoch ist dieser Berg?	**How high is that mountain?**	hau hai is ðæt **maun**tön

* nur in Louisiana gebräuchlicher Ausdruck

CAMPING – AUF DEM LANDE

Bekanntschaften

Vorstellung

Guten Tag.	**How do you do?***	hau du ju du
Wie geht es Ihnen?	**How are you?**	hau ahr ju
Danke, sehr gut.	**Very well, thank you.**	wäri uäl θænk ju
Wie geht's?	**How's life?**	haus laif
Danke gut, und Ihnen?	**Fine, thanks. And you?**	fain θænkss. ænd ju
Darf ich Ihnen Fräulein Philips vorstellen?	**May I introduce Miss Philips?**	meej ai intrö**duhss** miss fi**löpss**
Ich möchte Sie mit einem Freund von mir bekanntmachen.	**I'd like you to meet a friend of mine.**	aid laik ju tu miet ö fränd öw main
Hans, das ist...	**John, this is...**	dʒan ðiss is
Ich heiße...	**My name's...**	mai neejms
Sehr erfreut.	**Glad to know you.**	glæd tu noo ju

Und nun geht's weiter...

Wie lange sind Sie schon hier?	**How long have you been here?**	hau long hæw ju bin hier
Wir sind seit einer Woche hier.	**We've been here a week.**	uiew bin hier ö uiek
Sind Sie zum ersten Mal hier?	**Is this your first visit?**	is ðiss johr föhrsst wisöt
Nein, wir sind schon voriges Jahr hier gewesen.	**No, we came here last year.**	noo ui keejm hier læsst jier
Gefällt es Ihnen hier?	**Are you enjoying your stay?**	ahr ju indʒeuing johr ssteej
Ja,... gefällt mir sehr gut.	**Yes, I like ... very much.**	jäss ai laik ... wäri mötsch
Sind Sie allein hier?	**Are you on your own?**	ahr ju an johr oon

* Dies ist die formelle Antwort, wenn Sie jemandem vorgestellt werden.

Ich bin mit... hier.	I'm with...	aim uiθ
meinem Mann	my husband	mai **hös**bönd
meiner Frau	my wife	mai uaif
meiner Familie	my family	mai **fæ**mli
meinen Eltern	my parents	mai **pæ**röntss
einigen Freunden	some friends	ssöm fränds
Woher kommen Sie?	Where do you come from?	uär du ju köm fröm
Aus welcher Gegend von... kommen Sie?	What part of... do you come from?	uat pahrt öw... du ju köm fröm
Ich komme aus...	I'm from...	aim fröm
Wo sind Sie abgestiegen?	Where are you staying?	uär ahr ju **sstee**jing
Ich bin Student/Studentin.	I'm a student.	aim ö **sstuh**dönt
Was studieren Sie?	What are you studying?	uat ahr ju **sstö**dieing
Wir sind hier in den Ferien.	We're here on vacation.	uier hier an wee**jkeej**schön
Ich bin geschäftlich hier.	I'm here on business.	aim hier an **bis**nöss
Ich hoffe, wir sehen uns bald wieder.	I hope we'll see you again soon.	ai hoop uiel ssie ju ö**gän** ssuhn
Bis nachher/Bis morgen.	See you later/See you tomorrow.	ssie ju **lee**jtör/ssie ju tö**ma**roo

Das Wetter

Über das Wetter spricht man in den Vereinigten Staaten genausoviel wie anderswo...

Was für ein herrlicher Tag!	What a great day!	uat ö greejt deej
Was für scheußliches Wetter!	What awful weather!	uat **oh**föl **uä**ðör
Glauben Sie, daß es morgen... wird?	Do you think it'll... tomorrow?	du ju θink itöl... tö**ma**roo
regnen/schneien	rain/snow	reejn/ssnoo
aufklaren/sonnig sein	clear up/be sunny	klier öp/bie **ssö**ni

Einladungen

Meine Frau und ich möchten Sie gerne am...zum Essen einladen.	**My wife and I would like you to join us for dinner on...**	mai uaif ænd ai uud laik ju tu dʒeun öss fohr **di**nör an
Können Sie morgen zum Abendessen kommen?	**Can you come to dinner tomorrow night?**	kæn ju köm tu **di**nör tömaroo nait
Können Sie heute abend auf ein Gläschen zu uns kommen?	**Can you come over for cocktails this evening?**	kæn ju köm oowör fohr **kak**teejls ðiss **ie**wning
Das ist sehr freundlich von Ihnen.	**That's very kind of you.**	ðætss wäri kaind öw ju
Fein. Ich komme sehr gerne.	**Great. I'd love to come.**	greejt. aid löw tu köm
Um wieviel Uhr sollen wir kommen?	**What time shall we come?**	uat taim schæl ui köm
Darf ich einen Freund (eine Freundin) mitbringen?	**May I bring a friend?**	meej ai bring ö fränd
Wir müssen jetzt leider gehen.	**I'm afraid we've got to go now.**	aim ö**freejd** uiew gat tu goo nau
Das nächste Mal müssen Sie zu uns kommen.	**Next time you must come to visit us.**	næxt taim ju mösst köm tu wisöt öss
Vielen Dank für den Abend. Es war sehr schön.	**Thanks for the evening. It was great.**	θænkss fohr ði **ie**wning. it uös greejt

Verabredung

Möchten Sie eine Zigarette?	**Would you like a cigarette?**	uud ju laik ö ssigö**rät**
Haben Sie Feuer, bitte?	**Do you have a match, please?**	du ju hæw ö mætsch plies
Kann ich Ihnen etwas zu trinken besorgen?	**Can I get you a drink?**	kæn ai gät ju ö drink

BEKANNTSCHAFTEN

BEKANNTSCHAFTEN

Warten Sie auf jemanden?	**Are you waiting for someone?**	ahr ju **ueej**ting fohr **ssö**muön
Sind Sie heute abend frei?	**Are you free this evening?**	ahr ju frie ðiss **iew**ning
Würden Sie heute abend mit mir ausgehen?	**Would you like to go out with me tonight?**	uud ju laik tu goo aut uið mi tö**nait**
Möchten Sie gern tanzen gehen?	**Would you like to go dancing?**	uud ju laik tu goo **dæns**sing
Ich kenne eine gute Diskothek.	**I know a good discotheque.**	ai noo ö gud **diss**kötäk
Sollen wir ins Kino gehen?	**Shall we go to the movies?**	schæl ui goo tu ðö **muh**wis
Wollen wir ein bißchen durch die Gegend fahren?	**Would you like to go for a drive?**	uud ju laik tu goo fohr ö draiw
Wo treffen wir uns?	**Where shall we meet?**	uär schæl ui miet
Ich hole Sie in Ihrem Hotel ab.	**I'll pick you up at your hotel.**	ail pik ju öp æt johr hoo**täl**
Ich hole Sie um 8 Uhr ab.	**I'll call for you at 8.**	ail kohl fohr ju æt 8
Darf ich Sie nach Hause bringen?	**May I take you home?**	meej ai teejk ju hoom
Darf ich Sie morgen wiedersehen?	**Can I see you again tomorrow?**	kæn ai ssie ju ö**gän** tö**ma**roo
Danke, es war ein wunderbarer Abend.	**Thank you, it's been a wonderful evening.**	θænk ju itss bin ö u**ön**dörföl **iew**ning
Ich habe mich glänzend unterhalten.	**I've enjoyed myself tremendously.**	aiw in**dʒeud** mai**ssälf** tri**män**dössli
Wie ist Ihre Telephonnummer?	**What's your telephone number?**	uatss johr **tä**löfoon **nöm**bör
Wohnen Sie bei Ihrer Familie?	**Do you live with your family?**	du ju liw uið johr **fæm**li
Wohnen Sie alleine?	**Do you live alone?**	du ju liw ö**loon**
Um wieviel Uhr geht Ihr letzter Zug?	**What time is your last train?**	uat taim is johr læsst treejn

Einkaufsführer

Dieser Einkaufsführer soll Ihnen helfen, leicht, schnell und genau das zu finden, was Sie suchen. Er enthält:

1. eine Liste aller wichtigen Läden und Geschäfte (Seite 98)
2. einige Satzmuster und Redewendungen, die für die genaue Bezeichnung eines Artikels erforderlich sind (Seite 100)
3. umfassende Einzelheiten über Läden und Geschäfte, die Sie am meisten interessieren. Hier finden Sie gute Ratschläge, alphabetische Listen der erhältlichen Artikel und nützliche Umrechnungs- und Vergleichstabellen.

		Seite
Andenken	Andenken, Geschenk- und Luxusartikel	104
Apotheke/ Drogerie	Medikamente, erste Hilfe, Toiletten- und Kosmetikartikel	105
Bekleidung	Kleider, Schuhe, Zubehör	109
Buchhandlung	Bücher, Zeitschriften, Zeitungen, Schreibwaren	116
Camping	Campingausrüstung	118
Elektrogeräte	Radios, Tonbandgeräte, Rasierapparate, Schallplatten	120
Friseur	Herren- und Damenfriseur, Kosmetiksalon	122
Juwelier	Schmuck, Uhren, Uhrenreparaturen	124
Lebensmittel	das Wichtigste zum Picknick	127
Photogeschäft	Kameras, Zubehör, Filme, Entwickeln	129
Tabakladen	Tabakwaren, Rauchutensilien	131
Wäscherei/ Reinigung		133

Läden, Geschäfte usw.

Die meisten Geschäfte sind montags bis samstags durchgehend von 9.30 bis 18.00 geöffnet. Sie werden jedoch erstaunt sein über die große Anzahl von Geschäften, die an einem oder mehreren Abenden bis 21.00 oder 22.00 Uhr geöffnet bleiben. In Vergnügungsvierteln wie Greenwich Village in New York oder Near North Side in Chicago gibt es Geschäfte, die erst in den frühen Morgenstunden schließen. Lebensmittelgeschäfte, *drugstores* und Delikatessengeschäfte sind sonntags im allgemeinen geöffnet.

In großen Warenhäusern stehen Ihnen häufig Dolmetscher zur Verfügung. Im Untergeschoß finden Sie Ausverkaufsware und günstige Restposten. Discountgeschäfte haben ebenfalls eine große Auswahl von Artikeln zu niedrigen Preisen. Beachten Sie: je nach der Stadt, in der Sie sich befinden, haben Sie möglicherweise auf Ihren Einkäufen eine Umsatzsteuer zu entrichten.

EINKAUFSFÜHRER

Wo ist der/die/das nächste...?	Where's the nearest...?	uärs ðö nierösst
Andenkenladen	souvenir shop	ssuhwönir schap
Antiquitätengeschäft	antique shop	æntiek schap
Apotheke	drugstore	drögsstohr
Arzt	doctor	daktör
Bäckerei	bakery	beejköri
Bank	bank	bænk
Blumengeschäft	florist	flohrisst
Buchhandlung	bookstore	buksstohr
chemische Reinigung	dry cleaner	drai klienör
Damenfriseur	beauty salon	bjuhti ssælan
Damenschneiderin	dressmaker	drässmeejkör
Delikatessengeschäft	delicatessen	dälikötässön
Discountgeschäft	discount store	disskaunt sstohr
Drogerie	drugstore	drögsstohr
Eisenwarenhandlung	hardware store	hahrduär sstohr
Fischhandlung	fish store	fisch sstohr
Fleischerei	butcher shop	butschör schap
Garage (Reparatur)	garage	görahdʒ
Herrenfriseur	barber shop	bahrbör schap
Herrenschneider	tailor	teejlör

Hutgeschäft	**hat shop**	hæt schap
Juwelier	**jeweller**	dʒuhlör
Krankenhaus	**hospital**	hasspötöl
Kunstgalerie	**art gallery**	ahrt gælöri
Kurzwarenhandlung	**dry goods store**	drai guds sstohr
Lebensmittelhandlung	**grocery store**	groossri sstohr
Lederwarengeschäft	**leather goods store**	läðör guds sstohr
Markt	**market**	mahrköt
Metzgerei	**butcher shop**	butschör schap
Milchhandlung	**dairy store**	däri sstohr
Obst- und Gemüsemarkt	**fruit and vegetable market**	fruht ænd wädʒtöböl mahrköt
Optiker	**optician**	aptischön
Pelzgeschäft	**furrier**	föhriör
Pfandleihe	**pawnbroker**	pohnbrookör
Photogeschäft	**camera store**	kæmrö sstohr
Polizeiwache	**police station**	pöliess ssteejschön
Postamt	**post office**	poosst oföss
Reformhaus	**health food shop**	hälö fuhd schap
Reisebüro	**travel agent**	træwöl eejdʒönt
Schallplattengeschäft	**record store**	räkörd sstohr
Schönheitssalon	**beauty parlor**	bjuhti pahrlör
Schreibwarenhandlung	**stationery store**	ssteejschönäri sstohr
Schuhgeschäft	**shoe store**	schuh sstohr
Schuhmacher	**shoemaker**	schuhmeejkör
Spielwarengeschäft	**toy store**	teu sstohr
Spirituosenhandlung	**liquor store**	likör sstohr
Sportgeschäft	**sporting goods store**	sspohrting guds sstohr
Supermarkt	**supermarket**	ssuhpörmahrköt
Süßwarenladen	**candy store**	kændi sstohr
Tabakwarengeschäft	**tobacco shop**	töbækoo schap
Tankstelle	**gas station**	gæss ssteejschön
Telegraphenamt	**Western Union office**	uässtörn juhnjön oföss
Tierarzt	**veterinarian**	wätörönäriön
Uhrmacher	**watchmaker**	uatschmeejkör
Warenhaus	**department store**	dipahrtmönt sstohr
Wäscherei	**laundry**	lohndri
Waschsalon	**launderette**	lohndörät
Zahnarzt	**dentist**	däntisst
Zeitungsstand	**newsstand**	njuhssstænd
Zigarettenstand	**cigarette stand**	ssigörät sstænd

SALE SONDERVERKAUF

CLEARANCE AUSVERKAUF

EINKAUFSFÜHRER

Allgemeine Redewendungen

Hier finden Sie einige Ausdrücke, die Ihnen beim Einkaufen nützlich sein können.

Wo?

Wo gibt es einen guten...?	**Where's a good...?**	uärs ö gud
Wo ist der nächste...?	**Where's the nearest...?**	uärs ðö nierösst
Wo kann ich einen... finden?	**Where can I find a...?**	uär kän ai faind ö
Können Sie einen billigen... empfehlen?	**Can you recommend an inexpensive...?**	kän ju räkömänd ön iniksspänssiw
Wo ist das Geschäftsviertel?	**Where's the main shopping area?**	uärs ðö meejn schaping äriö
Wie komme ich dorthin?	**How do I get there?**	hau du ai gät ðär

Unentschlossen?

Ich sehe mich nur um.	**I'm just looking around.**	aim dʒösst luking öraund
Können Sie mir helfen?	**Can you help me?**	kän ju hälp mi
Können Sie mir... zeigen?	**Can you show me some...?**	kän ju schoo mi ssöm
Haben Sie...?	**Do you have any...?**	du ju häw äni

Dies da, bitte

Können Sie mir... zeigen?	**Can you show me...?**	kän ju schoo mi
das dort/diese dort	**that/those**	ðät/ðoos
das im Schaufenster	**the one in the window**	ðö uön in ðö uindoo
das im Schaukasten	**the one in the display case**	ðö uön in ðö disspleej keejss
Es ist da drüben.	**It's over there.**	itss oowör ðär

EINKAUFSFÜHRER

Beschreibung des Artikels

Ich möchte ein/eine/einen...	I want...one.	ai uant...uön
billig	a cheap	ö tschiep
bunt	a colored	ö kölörd
dunkel	a dark	ö dahrk
groß	a big/large	ö big/lahrdʒ
gut	a good	ö gud
hart	a hard	ö hahrd
hell	a light	ö lait
klein	a small	ö ssmohl
künstlich	an artificial	ön ahrtöfischöl
kurz	a short	ö schohrt
lang	a long	ö long
leicht	a light	ö lait
oval	an oval	ön oowöl
rechteckig	a rectangular	ö räktængjölör
rund	a round	ö raund
schwer	a heavy	ö häwi
viereckig	a square	ö sskuär
Ich möchte nichts zu Teures.	I don't want anything too expensive.	ai doont uant äniθing tuh iksspänssiw

Ich hätte lieber...

Ich hätte lieber etwas von besserer Qualität.	I prefer something of better quality.	ai pröföhr ssömθing öw bätör kualöti
Können Sie mir noch mehr zeigen?	Can you show me some more?	kæn ju schoo mi ssöm mohr
Haben Sie nichts...?	Haven't you anything...	hæwönt ju äniθing
Billigeres/Besseres Größeres/Kleineres	cheaper/better larger/smaller	tschiepör/bätör lahrdʒör/ssmohlör

Wieviel?

Wieviel kostet dies?	How much is this?	hau mötsch is ðiss
Ist die Umsatzsteuer inbegriffen?	Does that include sales tax?	dös ðæt inkluhd sseejls tækss
Ich möchte nicht mehr als...ausgeben.	I don't want to spend more than...	ai doont uant tu spend mohr ðæn

Entschluß

Das ist genau das, was ich möchte.	**That's just what I want.**	dätss dʒösst uat ai uant
Es ist nicht ganz das, was ich suche.	**It's not quite what I want.**	itss nat kuait uat ai uant
Nein, das gefällt mir nicht.	**No, I don't like it.**	noo ai doont laik it
Ich nehme es.	**I'll take it.**	ail teejk it

Bestellen

Können Sie es mir bestellen?	**Can you order it for me?**	kæn ju **oh**rdör it fohr mi
Wie lange dauert es?	**How long will it take?**	hau long uil it teejk

Lieferung

Ich nehme es mit.	**I'll take it with me.**	ail teejk it uið mi
Senden Sie es ins Hotel…	**Deliver it to the …Hotel**	diliwör it tu ðö… hootäl
Bitte liefern Sie es an diese Adresse.	**Please send it to this address.**	plies ssänd it tu ðiss ödräss
Werde ich am Zoll Schwierigkeiten haben?	**Will I have any difficulty with customs?**	uil ai hæw äni **di**fikölti uið **köss**töms

Bezahlen

Wieviel kostet es?	**How much is it?**	hau mötsch is it
Haben Sie sich nicht verrechnet?	**Haven't you made a mistake in the bill?**	**hæ**wönt ju meejd ö miss**teejk** in ðö bil
Können Sie mir bitte eine Quittung geben?	**Can I please have a receipt?**	kæn ai plies hæw ö rissiet
Würden Sie es bitte einwickeln?	**Will you please wrap it?**	uil ju plies ræp it
Würden Sie es bitte als Geschenk verpacken?	**Will you please gift wrap it?**	uil ju plies gift ræp it
Haben Sie eine Tragetasche?	**Do you have a shopping bag?**	du ju hæw ö **scha**ping bæg

Sonst noch etwas?

Nein danke, das ist alles.	No, thanks, that's all.	noo θænkss ðætss ohl
Ja, ich möchte...	Yes, I want...	jäss ai uant
Zeigen Sie mir...	Show me...	schoo mi
Vielen Dank. Auf Wiedersehen.	Thank you. Goodby.	θænk ju. gudbai

Unzufrieden

Kann ich dies bitte umtauschen?	Can I please exchange this?	kæn ai plies äksstscheejndʒ ðiss
Ich möchte dies zurückgeben.	I want to return this.	ai uant tu ritöhrn ðiss
Ich möchte das Geld zurückerstattet haben. Hier ist die Quittung.	I'd like a refund. Here's the receipt.	aid laik ö riefönd. hiers ðö rissiet

---

Can I help you?	Kann ich Ihnen helfen?
What would you like?	Was hätten Sie gerne?
What... would you like?	Welche... möchten Sie?
color/shape quality/quantity	Farbe/Form Qualität/Menge
I'm sorry, we haven't any.	Es tut mir leid, das haben wir nicht.
We're out of stock.	Das haben wir nicht vorrätig.
Shall we order it for you?	Sollen wir es für Sie bestellen?
Will you take it with you or shall we send it?	Nehmen Sie es mit oder sollen wir es Ihnen senden?
Anything else?	Sonst noch etwas?
That's... dollars, please.	Das macht... Dollar, bitte.
We don't accept...	Wir nehmen keine... an.
credit cards personal checks traveler's checks	Kreditkarten Schecks Reiseschecks
The cashier's over there.	Die Kasse ist da drüben.

EINKAUFSFÜHRER

Andenken

Amerika ist ein Einkaufsparadies. Sie können sicher sein, jeden Artikel in beinahe jeder Form, Größe, Farbe, in beliebigen Stilen und Modellen und zu den unterschiedlichsten Preisen zu finden.

Es ist das Land der technischen Vorrichtungen und Geräte: vom größeren und besseren Büchsenöffner im *five-and-ten-cent*-Geschäft* bis zu den ausgefallensten Apparaten in luxuriösen Warenhäusern ist alles zu haben.

Das Angebot an Konfektion ist schlicht unvorstellbar: sportliche Damenkleidung, wie sie in Kalifornien hergestellt wird, Herren-Freizeitkleidung, ganz besonders Hemden und Schuhe, aber auch italienische und französische Modellkleidung können Sie in jeder größeren Stadt kaufen. Als wahre Fundgruben erweisen sich die Western Stores, wo es Lederwaren und Kleidung für Cowboys gibt.

Wer sich für Kunstgewerbe interessiert, findet vielerorts eine bunte Auswahl an Keramik, Teppichen und Schmuck der Indianer und Eskimos – oder farbenprächtige Hemden aus Hawaii.

Musikliebhaber können für wenig Geld Schallplatten und Kassetten – auch importierte – erstehen; am günstigsten sind sie in Discountgeschäften.

Spielwaren gibt es in großer Auswahl für jeden Geschmack und jeden Geldbeutel.

Echte Antiquitäten aus der Kolonialzeit sind rar und zudem teuer. Jedoch finden Sie gute Nachbildungen frühamerikanischer Möbel, Gewebe und Töpferwaren.

In Supermärkten können Sie ein paar typisch amerikanische Spezialitäten kaufen, wie z.B. *maple syrup* (**meej**pöl **ssi**röp – Ahornsirup), *wild rice* (uaild raiss – Indianerreis), guten kalifornischen Wein oder Pralinen aus New Orleans.

* kleineres Kaufhaus mit Einheitspreisen

EINKAUFSFÜHRER

Apotheke—Drogerie (Drugstore)

In einem *drugstore* finden Sie alles, was bei uns in Apotheken und Drogerien verkauft wird, dazu aber auch noch eine erstaunliche Auswahl an anderen Artikeln: Filme, Süßigkeiten, Zigaretten, Uhren, Kosmetikartikel, Glückwunschkarten, Eis, Schmuck, Taschenbücher, Spielwaren usw., manchmal sogar Spirituosen. Viele *drugstores* führen ebenfalls ein Restaurant mit Barbedienung und öffentliche Telephonzellen.

Drugstores sind länger geöffnet als andere Geschäfte; einige schließen erst am späten Abend oder sind während der ganzen Nacht geöffnet. Außer in Notfällen nehmen die amerikanischen Apotheker keine Rezepte an.

Der besseren Übersicht wegen ist dieses Kapitel in zwei Teile gegliedert:

1) Arzneien, Medikamente, Erste Hilfe
2) Toiletten- und Kosmetikartikel

Allgemeines

Wo ist die nächste Apotheke (mit Nachtdienst)?	**Where's the nearest (all-night) druggist?**	uärs ðö nierösst (ohlnait) drögisst
Um wieviel Uhr öffnet/schließt die Apotheke?	**What time does the drugstore open/close?**	uat taim dös ðö drögsstohr oopön/kloos

1—Arzneien

Ich möchte etwas gegen...	**I want something for...**	ai uant ssömθing fohr
Erkältung/Husten	a cold/a cough	ö koold/ö kof
Heuschnupfen	hay fever	heej fiewör
Kater	a hangover	ö hængoowör
Magenverstimmung	an upset stomach	ön öpssät sstömök
Reisekrankheit	travel sickness	træwöl ssiknöss
Sonnenbrand	sunburn	ssönböhrn
Können Sie mir dieses Rezept machen?	**Can you make up this prescription for me?**	kud ju meejk öp ðiss prisskripschön fohr mi

EINKAUFSFÜHRER

EINKAUFSFÜHRER

Kann ich es ohne Rezept bekommen?	**Can I get it without a prescription?**	kæn ai gät it uiðaut ö prisskripschön
Können Sie mir... geben?	**Can I have...?**	kæn ai hæw̧
Abführmittel	**a laxative**	ö lækssötiw
Abmagerungstabletten	**some weight-reducing tablets**	ssöm ueejt-riduhssing tæblötss
Ammoniak	**some ammonia**	ssöm ömoonjö
Aspirin	**some aspirin**	ssöm æssprön
Beruhigungsmittel	**a sedative**	ö ssädötiw
Damenbinden	**some sanitary napkins**	ssöm ssænötäri næpköns
Desinfektionsmittel	**some disinfectant**	ssöm dissinfäktönt
Diabetikerpastillen	**some diabetic lozenges**	ssöm daiöbätik lasöndʒös
Eisendragées	**some iron pills**	ssöm aiörn pils
Gurgelwasser	**some gargle**	ssöm gahrgöl
Halstabletten	**some throat lozenges**	ssöm θroot lasöndʒös
Heftpflaster	**some Band-Aids**	ssöm bændeejds
Hühneraugenpflaster	**some corn plasters**	ssöm kohrn plæsstörss
Hustenbonbons	**some cough drops**	ssöm kof drapss
Insektenpulver	**some insect repellent**	ssöm inssäkt ripälönt
Jod	**some iodine**	ssöm aiödain
Kalziumtabletten	**some calcium tablets**	ssöm kælssiöm tæblötss
Magenpastillen	**some stomach pills**	ssöm sstömök pils
Mundwasser	**some mouthwash**	ssöm mauθuasch
Ohrentropfen	**some ear drops**	ssöm ier drapss
Rizinusöl	**some castor oil**	ssöm kæsstör eul
Schlaftabletten	**some sleeping pills**	ssöm sslieping pils
Thermometer	**a thermometer**	ö θörmamötör
Tonikum	**a tonic**	ö tanik
Verband	**some bandage**	ssöm bændidʒ
elastische Binde	**crepe bandage**	kreejp bændidʒ
Mullbinde	**gauze bandage**	gohs bændidʒ
Verbandkasten	**a first-aid kit**	ö föhrssteejd kit
Verbandmull	**some gauze**	ssöm gohs
Verhütungsmittel	**some contraceptives**	ssöm kantrössäptiws
Vitamintabletten	**some vitamin pills**	ssöm waitömön pils
Watte	**some cotton wool**	ssöm katön uuhl
Wundverband	**some surgical dressing**	ssöm ssöhrdʒiköl drässing

2–Toiletten- und Kosmetikartikel

Deutsch	English	Aussprache
Ich möchte...	I'd like...	aid laik
Abschminkwatte	some make-up remover pads	ssöm meejköp rimuhwör pæds
Adstringens	an astringent	ön æsstrindʒönt
Aknesalbe	some acne cream	ssöm ækni kriem
Augenbrauenstift	an eye pencil	ön ai pänssöl
Badesalz	some bath salts	ssöm bæθ ssohltss
Badewürfel	some bath cubes	ssöm bæθ kjuhbs
Bimsstein	a pumice stone	ö pömöss sstoon
Creme	some cream	ssöm kriem
Cold Cream	cold cream	koold kriem
Enzymcreme	enzyme cream	änsaim kriem
Feuchtigkeitscreme	moisturizing cream	meusstschöraising kriem
Nachtcreme	night creme	nait kriem
Nagelhautcreme	cuticle cream	kjuhtiköl kriem
Reinigungscreme	cleansing cream	klänsing kriem
Desodorans	some deodorant	ssöm dieoodörönt
Spray/Roller/Stift	spray/roll-on/stick	sspreej/roolan/sstik
Fußcreme/-puder	some foot cream/powder	ssöm fut kriem/**paudör**
Gesichtsmaske	a face pack	ö feejss pæk
Gesichtspuder	some face powder	ssöm feejss paudör
Haarwaschmittel	some shampoo	ssöm schæmpuh
Handcreme/-lotion	some hand cream/lotion	ssöm hænd kriem/looschön
Handtuch	a towel	ö tauöl
Kölnischwasser	some Cologne	ssöm köloon
Kosmetikbeutel	a make-up bag	ö meejköp bæg
Lidschatten	some eye shadow	ssöm ai sch**æ**doo
Lidstift	an eye liner	ön ai lainör
Lippenpinsel	a lipstick brush	ö lipstik brösch
Lippenpomade	some lipsalve	ssöm lipssæw
Lippenstift	some lipstick	ssöm lipsstik
Nagelbürste	a nail brush	ö neejl brösch
Nagelfeile	a nail file	ö neejl fail
Nagelfestiger	some nail strengthener	ssöm neejl sstr**ä**ngθönör
Nagelhautentferner	some cuticle remover	ssöm kjuhtiköl rimuhwör
Nagellack	some nail polish	ssöm neejl palisch
Nagellackentferner	some nail polish remover	ssöm neejl palisch rimuhwör
Nagelschere	some nail scissors	ssöm neejl ssisörs
Nagelzange	some nail clippers	ssöm neejl **kli**pörs

Papiertücher	some tissues	ssöm tischuhs
Parfüm	some perfume	ssöm pörfjuhm
Pinzette	some tweezers	ssöm tuiesörs
Puder	some powder	ssöm paudör
Puderquaste	a powder puff	ö paudör pöf
Rasierapparat	a razor	ö reejsör
Rasiercreme	some shaving cream	ssöm scheejwing kriem
Rasierpinsel	a shaving brush	ö scheejwing brösch
Rasierschaum	some brushless shaving cream	ssöm bröschlöss scheejwing kriem
Rasierseife	some shaving soap	ssöm scheejwing ssoop
Rasierwasser	some after-shave lotion	ssöm æftör-scheejw looschön
Rouge Creme/Puder	some rouge cream/powder	ssöm ruhdӡ kriem/paudör
Sandpapierfeile	an emery board	ön ämöri bohrd
Schwamm	a sponge	ö sspöndӡ
Seife	some soap	ssöm ssoop
Sicherheitsnadeln	some safety pins	ssöm sseejfti pins
Sonnencreme/-öl	some sun-tan cream/oil	ssöm ssöntæn kriem/eul
Talkpuder	some talcum powder	ssöm tælköm paudör
Toilettenpapier	some toilet paper	ssöm teulöt peejpör
Toilettenwasser	some toilet water	ssöm teulöt uatör
Waschlappen	a washcloth	ö uaschkloθ
Wimperntusche	some mascara	ssöm mæsskærö
Zahnbürste	a toothbrush	ö tuhθbrösch
Zahnpaste	some toothpaste	ssöm tuhθpeejsst
Zahnpulver	some toothpowder	ssöm tuhθpaudör

Für Ihr Haar

Färbemittel	dye	dai
Haarbürste	hair brush	här brösch
Haarfestiger	setting lotion	ssäting looschön
Haarklemmen	bobby pins	babi pins
Haarklips	grips	gripss
Haarlack/-spray	hair lacquer/spray	här lækör/sspreej
Haarnadeln	hairpins	härpins
Haarnetz	hair net	här nät
Haaröl	hair oil	här eul
Kamm	comb	koom
Lockenwickler	curlers/rollers	köhrlörs/roolörs
Perücke	wig	uig
Tönungsmittel	tint	tint

Bekleidung

Möchten Sie etwas Bestimmtes kaufen, bereiten Sie sich vorher darauf vor. Sehen Sie in der Liste der Kleidungsstücke auf den Seiten 29 und 30 nach und studieren Sie auch die Farben, Stoffarten und Größen. All das finden Sie auf den nächsten Seiten.

Allgemeines

Ich möchte...	I'd like...	aid laik
Ich möchte...für einen 10-jährigen Jungen.	I want...for a 10-year-old boy.	ai uant...fohr ö 10-jier-oold beu
Ich möchte etwas in dieser Art.	I want something like this.	ai uant **ssöm**θing laik ðiss
Das im Schaufenster gefällt mir.	I like the one in the window.	ai laik ðö uön in ðö uindoo
Wieviel kostet es pro Yard?	How much is that per yard?	hau mötsch is ðæt pöhr jahrd

12 inches (in.) (Zoll) = 1 foot (ft.) (Fuß)	3 feet = 1 yard (yd.)
1 Zentimeter = 0,39 in.	1 inch = 2,54 cm
1 Meter = 39,37 in.	1 foot = 30,5 cm
10 Meter = 32,81 ft.	1 yard = 0,91 m

Farbe

Ich möchte etwas in...	I want something in...	ai uant **ssöm**θing in
Ich möchte es etwas dunkler.	I want a darker shade.	ai uant ö **dahr**kör scheejd
Ich möchte etwas hierzu Passendes.	I want something to match this.	ai uant **ssöm**θing tu mætsch ðiss
Diese Farbe gefällt mir nicht.	I don't like the color.	ai doont laik ðö kölör

EINKAUFSFÜHRER

beige	**beige**	beejʒ
blau	**blue**	bluh
braun	**brown**	braun
bräunlich	**tan**	tæn
creme	**cream**	kriem
gelb	**yellow**	jäloo
golden	**gold**	goold
grau	**grey**	greej
grün	**green**	grien
hellbraun	**fawn**	fohn
karmesinrot	**crimson**	krimsön
lila	**mauve**	moow
orangenfarben	**orange**	ohröndʒ
purpurrot	**purple**	pöhrpöl
rosa	**pink**	pink
rot	**red**	räd
scharlachrot	**scarlet**	sskahrlöt
schwarz	**black**	blæk
silbern	**silver**	ssilwör
smaragdgrün	**emerald**	ämöröld
türkisfarben	**turquoise**	töhrkeus
weiß	**white**	uait

stripes
(sstraipss)

polka dots
(pookö datss)

checks
(tschäkss)

pattern
(pætörn)

Stoff

Haben Sie etwas aus...?	**Do you have anything in...?**	du ju hæw äniθing in
Ich möchte eine Baumwollbluse.	**I want a cotton blouse.**	ai uant ö katön blaus
Ist das...?	**Is that...?**	is ðæt
Handarbeit	**hand-made**	hændmeejd
importiert	**imported**	impohrtöd
inländisches Fabrikat	**made here**	meejd hier
Ich möchte etwas Dünneres.	**I want something thinner.**	ai uant ssömθing θinör
Haben Sie eine bessere Qualität?	**Do you have any better quality?**	du ju hæw äni bätör kualöti

Was ist das?	What's it made of?	uatss it meejd öw

Es ist vielleicht...

Batist	cambric	kæmbrik
Baumwolle	cotton	katön
Chiffon	chiffon	schifan
Drillich	denim	dänöm
Feinkord	needlecord	niedölkohrd
Filz	felt	fält
Flanell	flannel	flænöl
Frottee	terrycloth	täriklo θ
Gabardine	gabardine	gæbördien
Kamelhaar	camel-hair	kæmöl här
Kammgarn	worsted	uusstöd
Kord	corduroy	kohrdöreu
Krepp	crepe	kreejp
Kunstseide	rayon	reejan
Leder	leather	läðör
Leinen	linen	linön
Manchester	velveteen	wälwötien
Popeline	poplin	paplön
Samt	velvet	wälwöt
Satin	satin	ssæton
Seide	silk	ssilk
Serge	serge	ssöhrdʒ
Spitze	lace	leejss
Taft	taffeta	tæfötö
Tüll	tulle	tuhl
Tweed	tweed	tuied
Velours	velour	wöluhr
Wildleder	suede	sueejd
Wolle	wool	uuhl

Ist es...?	Is it...?	is it...?
bügelfrei	wash and wear	uasch ænd uär
knitterfrei	permanent press	pöhrmönönt präss
synthetisch	synthetic	ssinθätik

Größe

Ich habe Größe 38.	My size is 38.	mai ssais is 38
Wir haben bei uns andere Größen. Können Sie mir Maß nehmen?	Our sizes are different at home. Could you measure me?	aur ssaisös ahr difrönt æt hoom. kud ju mäʒör mi

Dies ist Ihre Größe

Damen

Kleider/Kostüme						
USA/Kanada	10	12	14	16	18	20
Europa	38	40	42	44	46	48

Strümpfe							Schuhe			
USA/Kanada	8	8½	9	9½	10	10½	6	7	8	9
Europa	0	1	2	3	4	5	36	38	38½	40

Herren

Anzüge/Mäntel						Hemden				
USA/Kanada	36	38	40	42	44	14	15	16	17	18
Europa	46	48	50	52	54	36	38	41	43	45

Schuhe									
USA/Kanada	5	6	7	8	8½	9	9½	10	11
Europa	38	39½	40½	42	42½	43	43½	44	45

Die obigen Tabellen enthalten nur ungefähre Angaben, da sowohl in Nordamerika als auch in Europa die Größen von Land zu Land variieren können.

Paßt es?

Kann ich es anprobieren?	**Can I try it on?**	kæn ai trai it an
Wo ist die Umkleidekabine?	**Where's the fitting room?**	uärs ðö fiting ruhm
Hat es einen Spiegel?	**Is there a mirror?**	is där ö mirör
Paßt es?	**Does it fit?**	dös it fit
Es paßt sehr gut.	**It fits very well.**	it fitss wäri uäl
Es paßt nicht.	**It doesn't fit.**	it dösönt fit

ZAHLEN, Seite 175

Es ist zu...	**It's too...**	itss tuh
kurz/lang	**short/long**	schohrt/long
eng/weit	**tight/loose**	tait/luhss
Wie lange brauchen Sie, um es zu ändern?	**How long will it take to alter?**	hau long uil it teejk tu **oh**ltör

Schuhe

Ich möchte ein Paar...	**I'd like a pair of...**	aid laik ö pär öw
Schuhe/Sandalen	**shoes/sandals**	schuhs/**ssæ**ndöls
Stiefel/Hausschuhe	**boots/slippers**	buhtss/**ssli**pörs
Galoschen/Gummischuhe	**galoshes/rubbers**	gö**la**schös/**rö**börs
Sie sind zu...	**These are too...**	ðies ahr tuh
eng/weit	**narrow/wide**	næroo/waid
groß/klein	**large/small**	lahrdʒ/ssmohl
Sie drücken an den Zehen.	**They pinch my toes.**	ðeej pintsch mai toos
Haben Sie eine größere Nummer?	**Do you have a larger size?**	du ju hæw ö **la**hrdʒör ssais
Ich möchte eine kleinere Nummer.	**I want a smaller size.**	ai uant ö **ssmoh**lör ssais
Haben Sie die gleichen in...?	**Do you have the same in...?**	du ju hæw ðö **sseej**m in
braun/beige	**brown/beige**	braun/beejʒ
schwarz/weiß	**black/white**	blæk/uait
Wildleder	**suede**	ssueejd

Abgelaufene Sohlen?

Können Sie diese Schuhe reparieren?	**Can you repair these shoes?**	kæn ju ri**pär** ðies schuhs
Könnten Sie dies nähen?	**Can you stitch this?**	kæn ju **sstitsch** ðiss
Ich möchte neue Sohlen und Absätze.	**I want new soles and heels.**	ai uant nuh ssools ænd hiels
Wann sind sie fertig?	**When will they be ready?**	uän uil ðeej bie **rä**di

EINKAUFSFÜHRER

Bekleidung und Zubehör

Ich möchte...	I'd like...	aid laik
Abendkleid	**an evening dress**	ön **iew**ning dräss
Anorak	**a parka**	ö **pahr**kö
Anzug	**a suit**	ö ssuht
Arbeitskleidung	**some dungarees**	ssöm **döng**göries
Badeanzug	**a bathing suit**	ö **beej**θing ssuht
Bademantel	**a (bath)robe**	ö bæθ roob
Badekappe	**a bathing cap**	ö **beej**θing kæp
Bikini	**a bikini**	ö bi**ki**eni
Blazer	**a blazer**	ö **blee**jsör
Bluse	**a blouse**	ö blaus
Bolero	**a bolero**	ö bö**lä**roo
Büstenhalter	**a bra**	ö brah
Cape	**a cape**	ö keejp
Fliege	**a bow tie**	ö boo tai
Galoschen	**some galoshes**	ssöm gö**la**schös
Halstuch	**a scarf**	ö sskahrf
Handschuhe	**some gloves**	ssöm glöws
Hausmantel	**a housecoat**	ö **haus**skoot
Hausschuhe	**some slippers**	ssöm **ssli**pörs
Hemd	**a shirt**	ö schöhrt
Hose	**some pants**	ssöm pæntss
Hosenanzug	**a pants suit**	ö pæntss ssuht
Hosenträger	**some suspenders**	ssöm ssöss**pän**dörss
Hüfthalter, -gürtel	**a girdle**	ö **göhr**döl
Hut	**a hat**	ö hæt
Jackett	**a jacket**	ö **d**ʒæ**köt**
Jeans	**some jeans**	ssöm dʒiens
Kleid	**a dress**	ö dräss
Kostüm	**a suit**	ö ssuht
Krawatte	**a (neck)tie**	ö (näk)tai
Levi's Jeans	**some Levi's**	ssöm **lie**wais
Mantel	**a coat/overcoat**	ö koot/oo**wör**koot
Morgenrock	**a dressing gown**	ö **dräs**sing gaun
Mütze	**a cap**	ö kæp
Nachthemd	**a nightdress**	ö **nait**dräss
Negligé	**a negligé**	ö **nä**gliʒeej
Overall	**some overalls**	ssöm **oo**wöhrohls
Pelzmantel	**a fur coat**	ö föhr koot
Pullover	**a sweater**	ö **sswä**tör
Regenmantel	**a raincoat**	ö **reejn**koot
Rock (Damen)	**a skirt**	ö ssköhrt
Sandalen	**some sandals**	ssöm **ssæn**döls
Schal	**a scarf**	ö sskahrf

Deutsch	English	Aussprache
Schlafanzug	some pyjamas	ssöm pödʒahmös
Schlüpfer	some panties	ssöm pæntis
Schuhe	some shoes	ssöm schuhs
Segeltuchschuhe	some sneakers	ssöm ssniekörs
Shorts	some shorts	ssöm schohrtss
Smoking	a tuxedo	ö töxiedoo
Socken	some socks	ssöm ssakss
Sportjacke	a sports jacket	ö sspohrtss dʒæköt
Stola	a stole	ö sstool
Strickjacke	a jersey	ö dʒöhrsi
Strümpfe	some stockings	ssöm sstakings
Strumpfhaltergürtel	a garter belt	ö gahrtör bält
Strumpfhalterhöschen	a panty-girdle	ö pænti-göhrdöl
Strumpfhose	some panty hose	ssöm pænti hoos
Taschentuch	a handkerchief	ö hænkörtschif
Tennisschuhe	some tennis shoes	ssöm täniss schuhs
Trägerkleid	a jumper	ö dʒömpör
Trainingsanzug	a track suit	ö træk ssuht
Turnhemd	a sweatshirt	ö ssuätschöhrt
Turnschuhe	some gym shoes	ssöm dʒim schuhs
Twinset	a twin set	ö tuin ssät
Überzieher	a topcoat	ö tapkoot
Unterhemd	an undershirt	ön öndörschöhrt
kurzärmeliges	a T-shirt	ö tieschöhrt
Unterhose (Herren)	some underpants	ssöm öndörpæntss
kurze	some briefs	ssöm briefss
Unterrock	a slip	ö sslip
Wäsche	some lingerie	ssöm landʒöreej
Weste	a vest	ö wässt
Wollweste	a cardigan	ö kahrdigön

Deutsch	English	Aussprache
Ärmel	sleeve	ssliew
Band	ribbon	ribön
Futter	lining	laining
Gummiband	elastic	ilæsstik
Gürtel	belt	bält
Knopf	button	bötön
Kragen	collar	kalör
Manschetten	cuffs	köfss
Reißverschluß	zipper	sipör
Rockaufschlag	lapel	löpäl
Saum	hem	häm
Schnalle	buckle	bököl
Schnürsenkel	shoe laces	schuh leejssös
Tasche	pocket	paköt

Buchhandlung - Schreibwarengeschäft - Zeitungsstand

In Amerika sind Buchhandlungen und Schreibwarengeschäfte meist getrennt. Zeitungen und Zeitschriften werden am Zeitungsstand verkauft, jedoch führen einige Buchhandlungen auch ausländische Zeitschriften. Wenn Sie in den USA eine deutsche Tageszeitung wollen, verlangen Sie am besten die New Yorker *Staats-Zeitung und Herold*.

Wo ist der/die/das nächste...	**Where's the nearest...?**	uärs öö nierösst
Buchhandlung	**bookstore**	buksstohr
Schreibwarengeschäft	**stationery store**	ssteejschönäri sstohr
Zeitungsstand	**newsstand**	nuhssstænd
Wo kann ich eine deutsche Zeitung kaufen?	**Where can I buy a German newspaper?**	uär kæn ai bai ö dʒöhrmön nuhspeejpör
Ich möchte...kaufen.	**I want to buy...**	ai uant tu bai
Adressenbüchlein	**an address book**	ön ödräss buk
Bindfaden	**some string**	ssöm sstring
Bleistift	**a pencil**	ö pänssöl
Bleistiftspitzer	**a pencil sharpener**	ö pänssöl schahrpönör
Briefumschläge	**some envelopes**	ssöm änwöloopss
Buch	**a book**	ö buk
Ersatzpatrone (für Füller)	**a refill (for a pen)**	ö riefil (fohr ö pän)
Etikette	**some labels**	ssöm leejböls
Farbband (Schreibmaschine)	**a typewriter ribbon**	ö taipraitör ribön
Farbstifte	**some crayons**	ssöm kreejans
Füllfederhalter	**a fountain pen**	ö fauntön pän
Grammatik	**a grammar book**	ö græmör buk
Heft	**an exercise book**	ön äkssörssais buk
Karte	**a map**	ö mæp
Stadtplan	**map of the town**	mæp ow ðö taun
Straßenkarte von...	**road map of...**	rood mæp ow
Klebstreifen	**some cellophane tape**	ssöm ssälöfeejn teejp
Kleister	**some paste**	ssöm peejsst
Kohlepapier	**some carbon paper**	ssöm kahrbön peejpör
Kugelschreiber	**a ballpoint pen**	ö bohlpeunt pän
Leim	**some glue**	ssöm gluh
Lineal	**a ruler**	ö ruhlör
Malkasten	**a box of paints**	ö bakss ow peejntss

EINKAUFSFÜHRER

Notizbuch	a notebook	ö nootbuk
Ordner	a file	ö fail
Packpapier	some wrapping paper	ssöm ræping peejpör
Papierservietten	some paper napkins	ssöm peejpör næpköns
Pauspapier	some tracing paper	ssöm treejssing peejpör
Postkarten	some postcards	ssöm poosstkahrds
Radiergummi	an eraser	ön ireejssör
Reiseführer	a guide book	ö gaid buk
Reißzwecken	some thumbtacks	ssöm θömtækss
Schreibblock	a writing pad	ö raiting pæd
Schreibfeder	a pen	ö pän
Schreibmaschinen- papier	some typing paper	ssöm taiping peejpör
Schreibpapier	some note paper	ssom noot peejpör
Seidenpapier	some tissue paper	ssöm tischuh peejpör
Skizzenblock	a sketching pad	ö sskätsching pæd
Spielkarten	some playing cards	ssöm pleejing kahrds
Taschenbuch	a paperback	ö poojpörbæk
Tinte schwarz/rot/blau	some ink black/red/blue	ssöm ink blæk/räd/bluh
Wörterbuch Deutsch-Englisch Englisch-Deutsch Taschenwörterbuch	a dictionary German-English English-German pocket dictionary	ö dikschönöri dʒöhrmön-ingglisch ingglisch-dʒöhrmön paköt dikschönöri
Zeichenpapier	some drawing paper	ssöm drohing peejpör
Zeitschrift	a magazine	ö mægösien
Zeitung	a newspaper	ö nuhspeejpör
Wo ist die Abteilung für Reiseführer?	Where's the guidebook section?	uärs ðö gaidbuk ssäkschön
Wo haben Sie die deutschen Bücher?	Where do you keep the German books?	uär du ju kiep ðö dʒöhrmön bukss
Gibt es eine deutsche Übersetzung von...?	Is there a German translation of...?	is ðär ö dʒöhrmön trænssleejschön öw

EINKAUFSFÜHRER

Camping

Geschäfte für Campingausrüstung gibt es in unmittelbarer Nähe der meisten Naturschutzparks. Campingmaterial kann ebenfalls gemietet werden. Hier haben wir das Wichtigste für Sie zusammengestellt.

Ich hätte gern…	I'd like…	aid laik
Angelgerät	some fishing tackle	ssöm fisching tæköl
Beil	an axe	ön ækss
Besteck	some cutlery	ssöm kötlöri
Bratpfanne	a frying pan	ö fraiing pæn
Brennspiritus	some wood alcohol	ssöm uud ælköhool
Brotbeutel	a haversack	ö hæwörssæk
Butangas	some butane gas	ssöm bjuhteejn gæss
Campingausrüstung	some camping equipment	ssöm kæmping ikuipmönt
Dampfkochtopf	a pressure cooker	ö präschör kukör
Dosenöffner	a can opener	ö kæn oopönör
Eimer	a bucket	ö bököt
Eisbehälter	an ice-bag	ön aissbæg
Fahrtenmesser	a sheathknife	ö schieθnaif
Feldbett	a camp bed	ö kæmp bäd
Flaschenöffner	a bottle opener	ö batöl oopönör
Hammer	a hammer	ö hæmör
Hängematte	a hammock	ö hæmök
Hering	a tent-peg	ö täntpäg
Geschirr	some crockery	ssöm kraköri
Kerzen	some candles	ssöm kændöls
Klappstuhl	a folding chair	ö fooling tschär
Klapptisch	a folding table	ö fooling teejböl
Kocher	a stove	ö sstoow
Kochtopf	a saucepan	ö ssohsspæn
Kompaß	a compass	ö kömpöss
Korkenzieher	a corkscrew	ö kohrksskruh
Lampe	a lamp	ö læmp
Laterne	a lantern	ö læntörn
Liegestuhl	a deck chair	ö däk tschär
Matratze	a mattress	ö mætröss
Moskitonetz	a mosquito net	ö mösskietoo nät
Petroleum	some kerosene	ssöm kärössien
Picknickkoffer	a picnic case	ö piknik keejss
Primuskocher	a primus stove	ö praimöss sstoow
Rucksack	a rucksack	ö rökssæk
Schere	some scissors	ssöm ssisörs
Schlafsack	a sleeping bag	ö sslieping bæg

Schmortopf	a stewpan	ö sstuhpæn
Schraubenzieher	a screwdriver	ö sskruhdraiwör
Seil	a rope	ö roop
Streichhölzer	some matches	ssöm mætschös
Taschenlampe	a flashlight	ö flæschlait
Taschenmesser	a penknife	ö pännaif
Thermosflasche	a thermos bottle	ö θöhrmöss batöl
Thermoskanne	a thermos jug	ö θöhrmöss dʒög
Tisch	a table	ö teejböl
Tornister	a knapsack	ö næpssæk
Verbandkasten	a first-aid kit	ö föhrssteejd kit
Wasserkanister	a water carrier	ö uatör kæeriör
Wassertopf	a kettle	ö kätöl
Werkzeugkasten	a tool kit	ö tuhl kit
Zange	some tongs	ssöm tangs
Zelt	a tent	ö tänt
Zeltboden	a groundsheet	ö graundschiet
Zeltpflock	a tent-peg	ö täntpäg
Zeltstange	a tent-pole	ö täntpool

EINKAUFSFÜHRER

Geschirr

Becher	some tumblers	ssöm tömblörs
Picknickdose	a food box	ö fuhd bakss
Tassen	some cups	ssöm köpss
Teller	some plates	ssöm pleejtss
Trinkbecher	some mugs	ssöm mögs
Untertassen	some saucers	ssöm ssohssörs

Besteck

Dessertmesser	some dessert knives	ssöm disöhrt naiws
Gabeln	some forks	ssöm fohrkss
Löffel	some spoons	ssöm sspuhns
Messer	some knives	ssöm naiws
Teelöffel	some teaspoons	ssöm tiesspuhns
aus Plastik	(made of) plastic	(meejd öw) plæsstik
aus rostfreiem Stahl	(made of) stainless steel	(meejd öw) steejnlöss sstiel

Elektrogeräte - Schallplatten

In den USA findet man einheitlich das 110 Volt-Wechselstromsystem mit 60 Hz. Nur Stecker mit zwei flachen Kontaktstiften passen in die Steckdosen.

Ich möchte einen Stecker für...	I want a plug for this...	ai uant ö plög fohr điss
Haben Sie eine Batterie hierfür?	Do you have a battery for this?	du ju hæw ö bætöri fohr điss
Dies ist kaputt. Können Sie es reparieren?	This is broken. Can you fix it?	điss is brookön. kæn ju fikss it
Wann ist es fertig?	When will it be ready?	uän uil it bie rädi
Ich möchte...	I'd like...	aid laik
Batterie	a battery	ö bætöri
Bügeleisen	an iron	ön aiörn
Reisebügeleisen	travel iron	træwöl aiörn
Fernseher	a television	ö tälöwiʒön
Farbfernseher	color television	kölör tälöwiʒön
Kofferfernseher	portable television	pohrtöböl tälöwiʒön
Haartrockner	a hair dryer	ö här draiör
Kaffeemaschine	a percolator	ö pöhrköleejtör
Lautsprecher	some speakers	ssöm sspiekörs
Mixer	a blender	ö bländör
Plattenspieler	a record player	ö räkörd pleejör
Kofferplattenspieler	portable record player	pohrtöböl räkörd pleejör
Radio	a radio	ö reejdioo
Autoradio	car radio	kahr reejdioo
Kofferradio	portable radio	pohrtöböl reejdioo
Rasierapparat	a shaver	ö scheejwör
Sicherung	a fuse	ö fjuhs
Stabmixer	a food mixer	ö fuhd mikssör
Stecker	a plug	ö plög
Toaster	a toaster	ö toosstör
Tonbandgerät	a tape recorder	ö teejp rikohrdör
Kassettenrecorder	cassette tape recorder	kössät teejp rikohrdör
Transformator	a transformer	ö trænsfohrmör
Uhr	a clock	ö klak
Wanduhr	wall clock	uohl klak
Wecker	alarm clock	ölahrm klak

EINKAUFSFÜHRER

Verstärker	**an amplifier**	ön æmplöfaiör
Wassertopf	**a kettle**	ö kätöl
Zwischenstecker	**an adaptor**	ön ödæptör

Schallplatten – Kassetten

Ich hätte gern ...	**I'd like ...**	aid laik
Compact Disc	**a compact disc**	ö »compact disc«
Kassette	**a cassette**	ö kössät
Schallplatte	**a record**	ö räkörd
Videokassette	**a video cassette**	ö »video« kössät
Haben Sie Platten von ...?	**Do you have any records by ...?**	du ju hæw äni räkörds bai
Haben Sie das neueste Album von ...?	**Do you have ... 's latest album?**	du ju hæw ... s leejtösst ælböm
Darf ich mir diese Platte anhören?	**Can I listen to this record?**	kæn ai lissön tu ðiss räkörd
Haben Sie Lieder von ...?	**Do you have any songs by ...?**	du ju hæw äni ssongs bai

Langspielplatte	**L.P.**	älpie
45 UpM	**E.P.**	iepie
Single	**single**	ssingöl

Country-Musik	**country music**	köntri mjuhsik
Folk-Musik	**folk music**	fook mjuhsik
Instrumentalmusik	**instrumental music**	insströmäntöl mjuhsik
Jazz	**jazz**	dʒæs
Kammermusik	**chamber music**	tscheejmbör mjuhsik
klassische Musik	**classical music**	klæssiköl mjuhsik
leichte Musik	**light music**	lait mjuhsik
Negro Spirituals	**Negro spirituals**	niegroo sspiritschöls
Orchestermusik	**orchestral music**	ohrkäsströl mjuhsik
Rock-Musik	**rock music**	rak mjuhsik
Pop-Musik	**pop music**	pap mjuhsik

Herrenfriseur

Ich habe es eilig.	I'm in a hurry.	aim in ö hööri
Ich möchte mir bitte die Haare schneiden lassen.	I want a haircut, please.	ai uant ö härköt plies
Ich möchte mich rasieren lassen.	I'd like a shave.	aid laik ö scheejw
Schneiden Sie es nicht zu kurz.	Don't cut it too short.	doont köt it tuh schohrt
Bitte einen Messerschnitt.	A razor cut, please.	ö reejsör köt plies
Benutzen Sie bitte nicht die Haarschneidemaschine.	Don't use the clippers.	doont jus ðö klipörs
Nur ausputzen, bitte.	Just a trim, please.	dʒösst ö trim plies
Das ist genug.	That's enough off.	ðætss inöf oof
Ein bißchen kürzer…	A little more off the…	ö litöl mohr oof ðö
hinten	back	bæk
im Nacken	neck	näk
an den Seiten	sides	ssaids
oben	top	tap
Ich möchte keine Creme.	I don't want any cream.	ai doont uant äni kriem
Würden Sie mir bitte …stutzen?	Would you please trim my…?	uud ju plies trim mai
Bart	beard	bierd
Schnurrbart	moustache	mösstæsch
Koteletten	sideburns	ssaidböhrns
Putzen Sie mir bitte die Schuhe.	I want a shine.	ai uant ö schain
Was schulde ich Ihnen?	How much do I owe you?	hau mötsch du ai oo ju
Das ist für Sie.	This is for you.	ðiss is fohr ju

EINKAUFSFÜHRER

TRINKGELD, Seite 1

Damenfriseur - Schönheitssalon

Gibt es im Hotel einen Damenfriseur?	Is there a beauty parlor in the hotel?	is ðär ö bjuhti pahrlör in ðö hootäl
Kann ich mich für Donnerstag anmelden?	Can I make an appointment for sometime on Thursday?	kæn ai meejk ön öpeuntmönt fohr ssömtaim an θöhrsdi
Schneiden und Legen, bitte.	I'd like it cut and shaped.	aid laik it köt ænd scheejpt

Ponyfrisur	bangs	bængs
Pagenschnitt	page-boy style	peejdʒbeu sstail
ein Messerschnitt	a razor cut	ö reejsör köt
eine neue Frisur	a re-style	ö riesstail
mit Löckchen	with ringlets	uið ringlötss
mit Wellen	with waves	uið ueejws
im Knoten	in a bun	in ö bön

Bitte...	I want...	ai uant
Auffrischung	a touch up	ö tötschöp
Aufhellung	a bleach	ö blietsch
Dauerwelle	a permanent	ö pöhrmönönt
Farbspülung	a color rinse	ö kölör rinss
Färbung	a dye	ö dai
Tönung	a tint	ö tint
Waschen und Legen	a shampoo and set	ö schæmpuh ænd ssät
dieselbe Farbe	the same color	ðö ssejm kölör
eine dunklere Farbe	a darker color	ö dahrkör kölör
eine hellere Farbe	a lighter color	ö laitör kölör
blond/braun/ kastanienbraun	blond/brunette/ auburn	bland/bruhnät/ ohbörn
Haben Sie eine Farbtabelle?	Do you have a color chart?	du ju hæw ö kölör tschahrt
Ich möchte kein Haarspray.	I don't want any hairspray.	ai doont uant äni härsspreej
Ich möchte eine...	I want a...	ai uant ö
Maniküre/Pediküre/ Gesichtsmaske	manicure/pedicure/ face-pack	mænökjur/pädikjur/ feejsspæk

TRINKGELD, Seite 1

EINKAUFSFÜHRER

Juwelier - Uhrmacher

Alle Kaufhäuser führen eine Juwelierabteilung. Eine große Auswahl an Modeschmuck finden Sie ebenfalls in *five-and-ten-cent*-Geschäften. Für besondere Geschenke suchen Sie jedoch am besten einen Juwelier auf.

Fragen

Können Sie diese Uhr reparieren?	**Can you repair this watch?**	kæn ju ripär ðiss uatsch
Der/Die/Das...ist kaputt.	**The...is broken.**	ðö...is brookön
Glas/Feder Band/Kronenaufzug	**glass/spring strap/winder**	glæss/sspring sstræp/uaindör
Ich möchte diese Uhr reinigen lassen.	**I want this watch cleaned.**	ai uant ðis uatsch kliend
Wann wird sie fertig sein?	**When will it be ready?**	uän uil it bie rädi
Kann ich das bitte sehen?	**Could I please see that?**	kud ai plies ssie ðæt
Ich sehe mich nur um.	**I'm just looking around.**	aim dʒösst luking öraund
Ich möchte ein kleines Geschenk für...	**I want a small present for...**	ai uant ö ssmohl präsönt fohr
Ich möchte etwas nicht zu Teures.	**I don't want anything too expensive.**	ai doont uant äniθing tuh iksspänssiw
Ich möchte etwas...	**I want something...**	ai uant ssömθing
Besseres	**better**	bätör
Billigeres	**cheaper**	tschiepör
Einfacheres	**simpler**	ssimplör
Ist das echtes Silber?	**Is this sterling silver?**	is ðiss sstöhrling ssilwör
Haben Sie etwas aus Gold?	**Do you have anything in gold?**	du ju hæw äniθing in goold

Wenn es aus Gold ist, fragen Sie:

Wieviel Karat hat es?	**How many carats is this?**	hau mäni kærötss is ðiss

Wenn Sie zum Juwelier gehen, wissen Sie wahrscheinlich bereits ziemlich genau, was Sie möchten. In den folgenden Listen finden Sie zuerst die verschiedenen Materialien und dann eine Auswahl von Juwelierartikeln.

Material

Amethyst	amethyst	æmöθisst
Bernstein	amber	æmbör
Blattgold	gold leaf	goold lief
Chrom	chromium	kroomiöm
Diamant	diamond	daimönd
Ebenholz	ebony	äböni
Elfenbein	ivory	aiwöri
Email	enamel	inæmöl
geschliffenes Glas	cut glass	köt glæss
Gold	gold	goold
Jade	jade	dʒeejd
Koralle	coral	koröl
Kristall	crystal	krisstöl
Kupfer	copper	kapör
Onyx	onyx	anikss
Perle	pearl	pöhrl
Platin	platinum	plætönöm
rostfreier Stahl	stainless steel	steejnlöss sstiel
Rubin	ruby	ruhbi
Saphir	sapphire	ssæfair
Silber	silver	ssilwör
Smaragd	emerald	ämröld
Topas	topaz	toopæs
Türkis	turquoise	töhrkeus
versilbert	silver plate	ssilwör pleejt
Zinn	pewter	pjuhtör

Artikel

Ich möchte...	I'd like...	aid laik
Amulett	a charm	ö tschahrm
Anhänger	a pendant	ö pändönt
Armband	a bracelet	ö breejsslöt
Amulettarmband	charm bracelet	tschahrm breejsslöt
Band	a strap	ö sstræp
Lederband	leather strap	lädör sstræp

Deutsch	English	Pronunciation
Besteck	some cutlery	ssöm kötlöri
Brosche	a brooch	ö brootsch
Feuerzeug	a cigarette lighter	ö ssigörät laitör
Füllbleistift	a mechanical pencil	ö mikæniköl pänssöl
Halskette	a necklace	ö näklöss
Kette	a chain	ö tscheejn
Krawattenklipp	a tie clip	ö tai klip
Krawattennadel	a tie pin	ö tai pin
Kreuz	a cross	ö kross
Maniküreetui	a manicure set	ö mænökjur ssät
Manschettenknöpfe	some cuff-links	ssöm köflinkss
Nadel	a pin	ö pin
Ohrringe	some earrings	ssöm ierrings
Perlenschnur	some beads	ssöm bieds
Puderdose	a compact	ö kampækt
Reif	a bangle	ö bænggöl
Ring	a ring	ö ring
Verlobungsring	engagement ring	ingeejdʒmönt ring
Siegelring	signet ring	ssignät ring
Trauring	wedding ring	uäding ring
Rosenkranz	a rosary	ö roosöri
Schmuckkasten	a jewel box	ö dʒuhl bakss
Schnupftabakdose	a snuff box	ö ssnöf bakss
Tafelsilber	some silverware	ssöm ssilwöruär
Uhr	a clock	ö klak
Wecker	alarm clock	ölahrm klak
Reisewecker	travel clock	træwöl klak
Uhr	a watch	ö uatsch
mit Sekundenzeiger	with a second hand	uið ö ssäkönd hænd
Taschenuhr	pocket watch	paköt uatsch
Armbanduhr	wristwatch	risstuatsch
Uhrarmband	a watch band	ö uatsch bænd
Ziertäschchen	a vanity case	ö wænöti keejss
Zigarettenetui	a cigarette case	ö ssigörät keejss

Lebensmittel

Hier folgt eine Liste mit Nahrungsmitteln und Getränken, die Sie für ein Picknick oder für eine gelegentliche Mahlzeit zu Hause benötigen könnten.

Ich hätte gerne...	I'd like some... please.	aid laik ssöm plies
Äpfel	apples	æpöls
Apfelsaft	apple juice	æpöl dʒuhss
Apfelsinen	oranges	ohröndʒös
Apfelsinensaft	orange juice	ohröndʒ dʒuhss
Aufschnitt	cold cuts	koold kötss
Bananen	bananas	bönænös
Brot	bread	bräd
Brötchen	rolls	rools
Butter	butter	bötör
Eier	eggs	ägs
Eis (Speiseeis)	ice-cream	aisskriem
Essiggemüse	pickles	piköls
Fleischpastete	pâté	pateej
Frankfurter Würstchen	frankfurters	frænkförtörs
Frikadellen	hamburgers	hæmböhrgörs
Gurken	cucumbers	kjuhkömbörs
Kaffee	coffee	kofi
Kartoffeln	potatoes	pöteejtööss
Kartoffelchips	potato chips	pöteejtoo tschipss
Käse	cheese	tschies
Käseaufstrich	cheese spread	tschies sspräd
Kekse	cookies	kukis
Ketchup	ketchup	kätschöp
Kochfett	cooking fat	kuking fæt
Konfekt	candy	kændi
Kopfsalat	lettuce	lätöss
Kräcker	crackers	krækörs
Kuchen	cake	keejk
Leberwurst	liver sausage	liwör ssohssidʒ
Limonade	lemonade	lämöneejd
Mehl	flour	flaur
Milch	milk	milk
Pampelmusen	grapefruits	greejpfruhtss
Pampelmusensaft	grapefruit juice	greejpfruht dʒuhss
Pfeffer	pepper	päpör
Sahne	cream	kriem
Salami	salami	sölæmi
Salat	salad	ssælöd

EINKAUFSFÜHRER

Salz	**salt**	ssohlt
Sandwichs	**sandwiches**	ssænduitschös
Schinken	**ham**	hæm
Schokolade	**chocolate**	tschaklöt
Senf	**mustard**	mösstörd
Spaghetti	**spaghetti**	sspögäti
Suppe	**soup**	ssuhp
Tee	**tea**	tie
Tomaten	**tomatoes**	tömeejtoos
Tomatensaft	**tomato juice**	tömeejtoo dʒuhss
Würstchen	**sausages**	ssohssidʒös
Wurstwaren	**luncheon meat**	löntschön miet
Zitronen	**lemons**	lämöns
Zucker	**sugar**	schugör

Und vergessen Sie nicht...

einen Dosenöffner	**a can opener**	ö kæn oopönör
einen Flaschenöffner	**a bottle opener**	ö batöl oopönör
einen Korkenzieher	**a corkscrew**	ö kohrksskruh
Papierservietten	**paper napkins**	peejpör næpköns
Streichhölzer	**matches**	mætschös

Maße und Gewichte*		
16 (20) Unzen (oz.) = 1 Pint (pt.)		2 Pints = 1 Quart (qt.)
	100 g = 3,5 oz.	½ kg = 1,1 lb. (am. Pfund)
	200 g = 7,0 oz.	1 kg = 2,2 lb.
	1 oz. = 28,35 g	1 lb. = 435,60 g
4 Quart (qt.) = 1 Gallone (gal.)		1 Quart = 0,95 (1,14) l
1 Liter (l) = 1,06 (0,88) Quart		1 Gallone = 3,8 (4,55) l

* Die Zahlen in Klammern gelten für Kanada.

Büchse/Dose	**can**	kæn
Faß	**barrel**	bæröl
Flasche	**bottle**	batöl
Korb	**crate**	kreejt
Krug	**jar**	dʒahr
Packung	**packet**	pæköt
Schachtel	**box**	bakss
Tube	**tube**	tuhb

Photogeschäft

Ich möchte eine preiswerte Kamera.	**I want an inexpensive camera.**	ai uant æn iniksspänssiw **kæ**mrö
Zeigen Sie mir bitte die im Schaufenster.	**Show me that one in the window.**	schoo mie ðæt uön in ðö **u**indoo

Filme

Auf Filmen werden lediglich ASA-Zahlen angegeben. Sollten Sie an DIN-Zahlen gewöhnt sein, müssen Sie sich die ASA-Zahl der Filmsorte merken, die Sie üblicherweise kaufen.

Ich möchte...	**I'd like...**	aid laik
Kassette	**a cartridge**	ö **kahr**tridʒ
Film für diese Kamera	**a film for this camera**	ö film fohr ðiss **kæ**mrö
110er Kassette	**a 110 film**	ö uön tän film
120er (6×6) Rollfilm	**a 120 film**	ö uön **tuän**ti film
126er Kassette	**a 126 film**	ö uön **tuän**ti-ssikss film
127er (4×4) Rollfilm	**a 127 film**	ö uön **tuän**ti-**ssä**wön film
135er (24×36) Patrone	**a 135 film**	ö uön **ϑöhr**ti-faiw film
620er (6×6) Rollfilm	**a 620 film**	ö ssikss **tuän**ti film
Polaroidfilm	**a Polaroid film**	ö **poo**löreud film
8-mm-Film	**an 8-mm. film**	ön eejt **mi**lömietör film
Einfach-8	**single 8**	**ssing**göl eejt
Doppel-8	**double 8**	**dö**böl eejt
Super-8	**super 8**	**ssuh**pör eejt
16-mm-Film	**a 16-mm. film**	ö **ssiks**stien **mi**lömietör film
20/36 Aufnahmen	**20/36 exposures**	**tuän**ti/**ϑöhr**ti-ssikss ikss**poo**ʒörs
ASA-Zahl...	**ASA number...**	**eej**-**äss**-**eej nöm**bör
hochempfindlich	**fast**	fæsst
feinkörnig	**fine grain**	fain greejn
schwarzweiß	**black and white**	blæk ænd uait
Farbnegativ	**color negative**	**kö**lör **nä**götiw
Farbdia	**color sslaid (transparency)**	**kö**lör sslaid (trænsspæ**rön**ssi)
Kunstlichtfilm	**artificial light type**	ahrtö**fi**schöl lait taip
Tageslichtfilm	**daylight type**	**deej**lait taip
Ist das Entwickeln im Preis inbegriffen?	**Does the price include processing?**	döss ðö praiss in**kluhd proo**ssässing

ZAHLEN, Seite 175

Entwickeln

Was kostet es für Entwickeln/für Abzüge?	**How much do you charge for developing/printing?**	hau mötsch du ju tschahrdʒ fohr diwäloping/**pri**nting
Ich möchte...Abzüge von jedem Negativ.	**I want...prints of each negative.**	ai uant...printss öw ietsch nägötiw
Hochglanz/Matt.	**With a glossy/mat finish.**	uið ö **gla**ssie/mæt **fi**nisch
Würden Sie dies bitte vergrößern?	**Will you please enlarge this?**	uil ju plies inlahrdʒ ðiss
Wann ist es fertig	**When will it be ready?**	uän uil it bie **rä**di

Zubehör

Ich möchte...	**I want...**	ai uant
Blitzlampen	**some flash bulbs**	ssöm flæsch bölbs
Blitzwürfel	**some flash cubes**	ssöm flæsch kjuhbs
für schwarzweiß	**for black and white**	for blæk ænd uait
für Farbe	**for color**	fohr **kö**lör
Filter	**a filter**	ö **fi**ltör
rot/gelb	**red/yellow**	räd/**jä**loo
ultraviolett	**ultra-violet**	**ö**ltrö wai**ö**löt
Objektivdeckel	**a lens cap**	ö läns kæp
Objektivreiniger	**some lens cleaners**	ssöm läns **kli**enörs

Reparatur

Diese Kamera funktioniert nicht. Können Sie sie reparieren?	**This camera doesn't work. Can you repair it?**	ðiss **kæ**mrö **dö**sönt uöhrk. kæn ju ri**pär** it
Der Film klemmt.	**The film is jammed.**	ðö film is dʒæmd
Mit...stimmt etwas nicht.	**There's something wrong with the...**	ðärs **ssöm**θing rong uið ðö
Aufspuler	**film winder**	film **uain**dör
Belichtungsmesser	**lightmeter**	**lait**mietör
Bildzählwerk	**exposure counter**	iksspoo**ʒör kaun**tör
Blitzhalter	**flash attachment**	flæsch ö**tætsch**mönt
Entfernungsmesser	**rangefinder**	**reejnd**ʒfaindör
Objektiv	**lens**	läns
Verschluß	**shutter**	**schö**tör

Tabakladen

Die Preise für eine Schachtel Zigaretten können bis zu einem Drittel variieren, je nachdem, wo Sie sie kaufen. Im Automaten sind Zigaretten stets teurer als im Supermarkt oder am Kiosk. Es gibt eine reiche Auswahl an einheimischem und importiertem Pfeifentabak.

Geben Sie mir bitte…	Give me…please.	giw mie…plies
Aschenbecher	an ashtray	ön æschtreej
Docht	a wick	ö uik
Feuersteine	some flints	ssöm flintss
Feuerzeug	a cigarette lighter	ö ssigörät laitör
Feuerzeugbenzin	some lighter fluid	ssöm laitör fluhöd
Feuerzeugfüllung	a refill for a lighter.	ö riefill fohr ö laitör
Feuerzeuggas	some lighter gas	ssöm laitör gæss
Kautabak	some chewing tobacco	ssöm tschuhing töbækoo
Pfeife	a pipe	ö paip
Pfeifenreiniger	some pipe cleaners	ssöm paip klienörs
Pfeifenständer	a pipe rack	ö paip ræk
Pfeifenstopfer	a pipe tool	ö paip tuhl
Pfeifentabak	some pipe tobacco	ssöm paip töbækoo
Schachtel…	a pack of…	ö pæk öw
Schachtel Zigarren	a box of cigars	ö bakss öw ssigahrs
Schachtel Zigaretten	a pack of cigarettes	ö pæk öw ssigörätss
Schnupftabak	some snuff	ssöm ssnöf
Streichhölzer	some matches	ssöm mætschös
Tabaksbeutel	a tobacco pouch	ö töbækoo pautsch
Tabaktopf	a humidor	ö hjuhmödohr
Zigarre	a cigar	ö ssigahr
Zigarren	some cigars	ssöm ssigahrs
Zigarettenetui	a cigarette case	ö ssigörät keejss
Zigarettenspitze	a cigarette holder	ö ssigörät hooldör
Haben Sie…?	Do you have any…?	du ju hæw äni
deutsche Zigaretten	German cigarettes	dʒöhrmön ssigörätss
Mentholzigaretten	menthol cigarettes	mänθohl ssigörätss

mit Filter	filter tipped	filtör tipt
ohne Filter	without filter	uidaut filtör
extra lange	king-size	kingssais

| Ich nehme zwei Schachteln. | **I'll take two packs.** | ail teejk tuh pækss |
| Ich möchte eine Stange. | **I'd like a carton.** | aid laik ö **kahrt**ön |

Und da wir schon bei Zigaretten sind:

Möchten Sie eine Zigarette?	**Would you like a cigarette?**	uud ju laik ö ssig**ö**rät
Nehmen Sie eine von meinen.	**Have one of mine.**	hæw uön öw main
Versuchen Sie mal eine von diesen.	**Try one of these.**	trai uön öw ðies
Sie sind sehr leicht.	**They're very mild.**	ðär **wä**ri maild
Sie sind ziemlich stark.	**They're a bit strong.**	ðär ö bit sstrong

Und wenn Ihnen jemand eine anbietet?

Danke.	**Thank you.**	θænk ju
Nein danke.	**No, thanks.**	noo θænkss
Ich rauche nicht.	**I don't smoke.**	ai doont smook
Ich habe das Rauchen aufgegeben.	**I've given it up.**	aiw **gi**wön it öp

Wäscherei - Chemische Reinigung

Wenn Ihr Hotel keine eigene Wäscherei oder chemische Reinigung hat, dann fragen Sie am Empfang:

Wo ist der/die nächste...?	Where's the nearest...?	uärs ðö nierösst
Wäscherei/chemische Reinigung/ Waschsalon	laundry/dry cleaner/ laundrette	lohndri/drai klienör/ lohndrät
Ich möchte diese Kleider...lassen.	I want these clothes...	ai uant ðies kloods
reinigen	cleaned	kliend
bügeln	ironed/pressed	aiörnd/prässt
waschen	washed	uascht
Wann ist es fertig?	When will it be ready?	uän uil it bie rädi
Ich brauche es...	I need it...	ai nied it
heute	today	tödeej
heute abend	tonight	tönait
morgen	tomorrow	tömaroo
vor Freitag	before Friday	bifohr fraidi
Ich möchte es so bald wie möglich.	I want it as soon as possible.	ai uant it äs ssuhn äs passöböl
Können Sie dies...?	Can you...this?	kän ju...ðiss
stopfen/flicken/nähen	mend/patch/stitch	mänd/pätsch/sstitsch
Können Sie diesen Knopf annähen?	Can you sew on this button?	kän ju ssoo an ðiss bötön
Können Sie diesen Fleck beseitigen?	Can you get this stain out?	kän ju gät ðiss ssteejn aut
Kann dies kunst- gestopft werden?	Can this be invisibly mended?	kän ðiss bi inwisöbli mändöd
Das gehört nicht mir.	This isn't mine.	ðiss isönt main
Es fehlt ein Stück.	There's one piece missing.	ðärs uön piess missing
Da ist ein Loch drin.	There's a hole in this.	ðärs ö hool in ðiss
Ist meine Wäsche fertig?	Is my laundry ready?	is mai lohndri rädi

Bank – Währung

Geldwechsel

Die Öffnungszeiten der Banken sind gewöhnlich Montag bis Freitag von 10 bis 15 Uhr.

Beachten Sie, daß sehr wenige Banken fremde Währung einwechseln, und Euroschecks werden fast nirgends eingelöst. Es ist problemloser, mit Reiseschecks, die in Dollar ausgestellt sind, mit internationalen Kreditkarten oder mit Bargeld in Dollar zu reisen.

Kreditkarten – Reiseschecks

Die bekannten amerikanischen oder internationalen Kreditkarten werden überall angenommen. Beim Einkaufen, Lösen von Fahrkarten oder Begleichen von Hotelrechnungen wird man Sie fragen: *«Cash or charge»*, d.h. ob Sie in bar oder mit Kreditkarten bezahlen möchten. Viele Tankstellen oder andere Unternehmen weigern sich, zur Nachtzeit Bargeld anzunehmen, und verlangen Kreditkarten.

Reiseschecks, die auf amerikanische Banken lauten, sind wesentlich einfacher einzulösen als andere. Wenn Sie Reiseschecks in Dollar einwechseln, verlangen Sie $20-Noten, die überall akzeptiert werden.

Währung

Das amerikanische Währungssystem beruht auf dem Dollar ($), der in 100 Cent (¢) aufgeteilt ist.

Banknoten: $1, $2 (selten), $5, $10, $20, $50 und $100. Alle Geldscheine haben dieselbe Größe und Farbe, so daß man sie am besten nach der jeweiligen Höhe getrennt aufbewahrt.

Münzen: 1¢ *(penny)*, 5¢ *(nickel)*, 10¢ *(dime)*, 25¢ *(quarter)*, 50¢ *(half dollar)* und $1. Die Münzen sind verschieden groß, aber nicht in der Reihenfolge ihres Wertes.

Wo?

Wo ist die nächste Bank?	Where's the nearest bank?	uärs ðö nierösst bænk
Wo kann ich einen Reisescheck einlösen?	Where can I cash a traveler's check?	uär kæn ai kæsch ö træwlörs tschäk
Wo ist die Chase Manhattan Bank?	Where's the Chase Manhattan Bank?	uärs ðö tscheejss mænhætön bænk

In der Bank

Ich möchte D-Mark/ Schilling/Schweizer Franken wechseln.	I want to change some German marks/Austrian shillings/Swiss francs.	ai uant tu tschejndʒ ssöm dʒöhrmön mahrkss/ohsstriön schilings/ssuiss frænkss
Hier ist mein Paß.	Here's my passport.	hiers mai pæsspohrt
Wie ist der Wechselkurs?	What's the exchange rate?	uatss ðö äksstscheejndʒ reejt
Welche Gebühr berechnen Sie?	What rate of commission do you charge?	uat reejt ow kömischön du ju tschahrdʒ
Kann ich einen Barscheck einlösen?	Can you cash a personal check?	kæn ju kæsch ö pöhrssönöl tschäk
Wie lange dauert die Überprüfung?	How long will it take to clear?	hau long uil it teejk tu klier
Können Sie meiner Bank in... telegraphieren?	Can you cable my bank in...?	kæn ju keejböl mai bænk in
Ich habe...	I have...	ai hæw
einen Kreditbrief	a letter of credit	ö lätör ow krädöt
eine Empfehlung von...	an introduction from...	ön introdöksschön fröm
eine Kreditkarte	a credit card	ö krädöt kahrd
Ich erwarte Geld aus... Ist es schon da?	I'm expecting some money from... Has it arrived yet?	aim iksspäkting ssöm möni fröm... hæs it öraiwd jät
Geben Sie mir bitte... Scheine und etwas Kleingeld.	Please give me... bills and some small change.	plies giw mi... bils ænd ssöm ssmohl tscheejndʒ

Geben Sie mir... große Scheine und den Rest in kleinen Scheinen.	**Give me... large bills and the rest in small bills.**	giw mi...lahrdʒ bils ænd ðö rässt in ssmohl bils
Würden Sie dies bitte nochmals nachrechnen?	**Could you please check that again?**	kud ju plies tschäk ðæt ögän

Einzahlungen

Ich möchte dies auf mein Konto einzahlen.	**I want to credit this to my account.**	ai uant tu krädöt ðiss tu mai ökaunt
Ich möchte dies auf das Konto von Herrn... einzahlen.	**I want to credit this to Mr....'s account.**	ai uant tu krädöt ðiss tu misstör...s ökaunt
Wo muß ich unterschreiben?	**Where should I sign?**	uär schud ai ssain

Währungsumrechnung

Da heutzutage die Wechselkurse fast täglich ändern, können wir Ihnen nur diese "do-it-yourself"-Umrechnungstabelle geben.

USA	DM	S	Fr.
1¢			
5¢			
10¢			
25¢			
$ 1			
$ 5			
$ 10			
$ 20			
$ 50			
$ 100			
$ 500			
$1000			

ZAHLEN, Seite 175

Im Postamt

Der *US Postal Service* – ein halbstaatliches Unternehmen – befördert nur Post. Telephon- und Telegraphendienst sind unabhängige Privatunternehmen. Die Postämter sind montags bis freitags von 8.30 oder 9 bis 17 oder 17.30 Uhr geöffnet, samstags bis 12 oder 13 Uhr. Briefmarken aus Automaten sind etwas teurer. Die Briefkästen sind blau.

Wo ist das nächste Postamt?	**Where's the nearest post office?**	uärs ðö **nierösst poosst oföss**
Wann wird das Postamt geöffnet/geschlossen?	**What time does the post office open/close?**	uat taim dös ðö **poosst oföss oopön/kloos**
An welchem Schalter bekomme ich Briefmarken?	**What window do I go to for stamps?**	uat **uindoo** du ai goo tu fohr **sstæmpss**
An welchem Schalter kann ich eine internationale Postanweisung einlösen?	**At which counter can I cash an international money order?**	æt uitsch **kauntör** kæn ai **kæsch** ön **intörnæschönöl möni ohrdör**
Ich möchte bitte einige Briefmarken/Luftpostleichtbriefe.	**I want some stamps/aerograms, please.**	ai uant ssöm **sstæmpss**/**ærögræms** plies
Ich möchte...8-Cent-Briefmarken.	**I want...8-cent stamps.**	ai uant...8-ssänt **sstæmpss**
Was kostet ein Luftpostbrief nach Zürich?	**What's the postage for an airmail letter to Zürich?**	uatss ðö **poosstidʒ** fohr æn **ärmeejl lätör** tu surik
Was kostet eine Postkarte mit gewöhnlicher Post nach Wien?	**What's the postage for a postcard via surface mail to Vienna?**	uatss ðö **posstidʒ** fohr ö **poosstkahrd** waiö **ssöhrföss meejl** tu wiänö
Ich möchte dieses Paket aufgeben.	**I want to send this parcel.**	ai uant tu ssänd ðiss **pahrssöl**
Muß ich ein Zollerklärungsformular ausfüllen?	**Do I need to fill in a customs declaration?**	du ai nied tu fil in ö **kösstöms däklöreejschön**
Wo ist der Briefkasten?	**Where's the mailbox?**	uärs ðö **meejlbakss**

Ich möchte dies... senden.	**I want to send this...**	ai uant tu ssänd ðiss
per Luftpost	**by airmail**	bai ärmeejl
durch Eilboten (expreß)	**by special delivery**	bai sspäschöl diliwöri
eingeschrieben	**by registered mail**	bai rädʒösstörd meejl
Wo ist der Schalter für postlagernde Sendungen?	**Where's the general delivery window?**	uärs ðö dʒänöröl diliwöri uindoo
Ist Post für mich da? Mein Name ist...	**Is there any mail for me? My name is...**	is ðär äni meejl fohr mi? may neejm is
Hier ist mein Paß.	**Here's my passport.**	hiers mai pässpohrt

STAMPS	BRIEFMARKEN
PARCELS	PAKETE
MONEY ORDERS	POSTANWEISUNGEN

Telegramm – Telex

Die privat geführten Telegrafenämter bedienen In- und Ausland (Telex nur Inland) und sind auf den gelben Seiten des Telefonbuches unter *Telegraph* verzeichnet. Sie können das Telegrafenbüro anrufen, Ihr Telegramm durchgeben und die Gebühren auf die Hotelrechnung setzen lassen oder das Telegramm durch einen Münzfernsprecher aufgeben und direkt bezahlen. Ein Brieftelegramm *(night letter)* kostet etwa halb so viel wie ein normales Telegramm.

Ich möchte ein Telegramm/Telex aufgeben.	**I want to send a telegram/telex.**	ai uant tu ssänd ö tälögræm/täläkss
Wieviel kostet es pro Wort?	**How much is it per word?**	hau mötsch is it pör uöhrd
Ich möchte ein Brieftelegramm aufgeben.	**I'd like to send a night letter.**	aid laik tu ssänd ö nait lätör

Telephonieren

Die privaten Fernsprechgesellschaften in den USA arbeiten zuverlässig. Telefonzellen finden Sie überall, die Bedienungsanweisungen stehen – auf englisch – auf dem Apparat. Fern- und viele Auslandsgespräche kann man direkt durchwählen, sogar von einem öffentlichen Münzfernsprecher aus – aber behalten Sie dann genügend Kleingeld bereit. Wenn Sie eine Vorwahlnummer nicht wissen, erreichen Sie unter der Nummer »0« die Auskunft.

Telefongebühren und auch Vorwahlnummern finden Sie auf den ersten weißen Seiten des Telefonbuchs, ebenso Einzelheiten über Gespräche mit Voranmeldung *(person-to-person call)*, R-Gespräche *(collect call)* und Gespräche auf Kreditkarten *(credit card call)*.

Wo ist das Telephon?	**Where's the telephone?**	uärs ðö tälöfoon
Darf ich Ihr Telephon benutzen?	**May I use your phone?**	meej ai juhs johr foon
Haben Sie ein Telephonbuch für Chicago?	**Do you have a telephone directory for Chicago?**	du ju hæw ö tälöfoon döräktöri fohr schikahgoo
Können Sie mir helfen, diese Nummer zu bekommen?	**Can you help me get this number?**	kæn ju hälp mi gät ðiss nömbör

Auskunft

Sprechen Sie Deutsch?	**Do you speak German?**	du ju sspiek dʒöhrmön
Guten Morgen. Verbinden Sie mich bitte mit Los Angeles, 213-123-4567.	**Good morning, I want to call Los Angeles, station-to-station, 213-123-4567.**	gud mohrning ai uant tu kohl loss ændʒölöss ssteejschön tu ssteejschön 213-123-4567
Kann ich durchwählen?	**Can I dial direct?**	kæn ai daiöl döräkt
Ich möchte ein Gespräch mit Voranmeldung.	**I want to place a person-to-person call.**	ai uant tu pleejs ö pöhrssön tu pöhrssön kohl

ZAHLEN, Seite 175

Würden Sie mir anschließend die Gebühr mitteilen?	**Will you tell me the cost of the call afterwards?**	uil ju täl mi ðö kosst öw ðö kohl æftöruörds
Ich möchte ein R-Gespräch.	**I want to call collect.**	ai uant tu kohl köläkt

Sprechen

Hallo, hier spricht…	**Hello. This is… speaking.**	höloo. ðiss is… sspieking
Ich möchte mit… sprechen.	**I want to speak to…**	ai uant tu sspiek tu
Ich möchte Nebenanschluß…	**I want extension…**	ai uant iksstänschön

Kein Glück

Würden Sie bitte später noch einmal versuchen?	**Would you please try again later?**	uud ju plies trai ögän leejtör
Fräulein, Sie haben mich falsch verbunden.	**Operator, you gave me the wrong number.**	apöreejtör ju geejw mi ðö rong nömbör
Fräulein, wir sind unterbrochen worden.	**Operator, we were cut off.**	apöreejtor ui uör köt oof

TELEPHON

Buchstabiertafel

A	**Alfred**	ælfröd	N	**Nellie**	näli
B	**Benjamin**	bändʒömön	O	**Olivier**	alöwör
C	**Charlie**	tschahrli	P	**Peter**	pietör
D	**David**	deejwid	Q	**Queen**	kuien
E	**Edward**	äduörd	R	**Robert**	rabört
F	**Frederick**	frädrik	S	**Samuel**	sæmjöl
G	**George**	dʒohrdʒ	T	**Tommy**	tami
H	**Harry**	häri	U	**Uncle**	önköl
I	**Isaac**	aisök	V	**Victor**	wiktör
J	**Jack**	dʒæk	W	**William**	uiljöm
K	**King**	king	X	**Xray**	äkssreej
L	**London**	löndön	Y	**Yellow**	jäloo
M	**Mary**	märi	Z	**Zebra**	siebrö

Nicht da

Wann kommt er/sie zurück?	**When will he/she be back?**	uän uil hi/schi bie bæk
Würden Sie ihm/ihr sagen, daß ich angerufen habe? Mein Name ist...	**Will you tell him/her I called? My name's...**	uil ju täl him/hör ai kohld? mai neejms
Würden Sie ihn/sie bitten, mich anzurufen?	**Would you ask him/her to call me?**	uud ju æssk him/hör tu kohl mi
Würden Sie bitte etwas ausrichten?	**Would you please take a message?**	uud ju plies teejk ö mässidʒ

Gebühren

Was hat das Gespräch gekostet?	**What was the cost of that call?**	uat uös ðö kosst öw ðæt kohl
Ich möchte das Gespräch bezahlen.	**I want to pay for the call.**	ai uant tu peej fohr ðö kohl

There's a telephone call for you.	Ein Anruf für Sie.
You're wanted on the telephone.	Sie werden am Telephon verlangt.
What number are you calling?	Welche Nummer haben Sie gewählt?
The line's busy.	Die Linie ist besetzt.
There's no answer.	Es meldet sich niemand.
You've got the wrong number.	Sie sind falsch verbunden.
The phone is out of order.	Das Telephon funktioniert nicht.
He's/She's out at the moment.	Er/Sie ist im Augenblick nicht da.

TELEPHON

Das Auto

Tankstelle

Tankstellen gibt es überall. Beachten Sie, daß viele abends und an Wochenenden, vor allem sonntags, geschlossen sind. Nachts haben die Tankstellen kein Wechselgeld; sie nehmen nur den abgezählten Betrag oder bestimmte Kreditkarten an.

Wo ist die nächste Tankstelle?	Where's the nearest filling station?	uärs ðö nierösst filing ssteejschön
Ich möchte 15 Gallonen, bitte.	I want 15 gallons, please.	ai uant 15 gælöns plies
Ich möchte 15 Gallonen Normal/Super.	I want 15 gallons of regular/premium.	ai uant 15 gælöns öw rägjölör/priemiöm
Geben Sie mir bitte für 20 Dollar Benzin.	Give me $20 worth of gas.	giw mi 20 dalörs uöhrθ öw gæss
Auffüllen, bitte.	Fill it up, please.	fil it öp plies
Kontrollieren Sie Öl und Wasser.	Please check the oil and water.	plies tschäk ði eul ænd uatör
Geben Sie mir bitte ein Quart Öl.	Give me a quart of oil.	giw mi ö kuohrt öw eul
Füllen Sie in der Batterie destilliertes Wasser nach.	Fill up the battery with distilled water.	fil öp ðö bætöri uið disstild uatör
Kontrollieren Sie bitte die Bremsflüssigkeit.	Check the brake fluid.	tschäk ðö breejk fluhöd

Flüssigkeitsmaße					
Liter	US Gallonen	Kanad. Gallonen	Liter	US Gallonen	Kanad. Gallonen
5	1,3	1,1	30	7,8	6,6
10	2,6	2,2	35	9,1	7,7
15	3,9	3,3	40	10,4	8,8
20	5,2	4,4	45	11,7	9,9
25	6,5	5,5	50	13,0	11,0

Reifendruck				
atü	lb./sq. in.*		atü	lb./sq. in.
0,7	10		1,8	26
0,8	12		1,9	27
1,1	15		2,0	28
1,3	18		2,1	30
1,4	20		2,3	33
1,5	21		2,5	36
1,6	23		2,7	38
1,7	24		2,8	40

* Pfund pro Quadratzoll *(pounds per square inch)*

Würden Sie bitte den Reifendruck prüfen?	**Would you check the tire pressure?**	uud ju tschäk ðö tair präschör
Vorne 1,6, hinten 1,8.	**23 front, 26 rear.**	23 frönt 26 rier
Prüfen Sie bitte auch den Ersatzreifen.	**Please check the spare tire, too.**	plies tschäk ðö spär tair tuh
Können Sie diesen Reifen flicken?	**Can you fix this flat?**	kæn ju fikss ðiss flæt
Würden Sie bitte diesen Reifen auswechseln?	**Would you please change this tire?**	uud ju plies tscheejndʒ ðiss tair
Würden Sie bitte die Windschutzscheibe reinigen?	**Would you clean the windshield?**	uud ju klien ðö uindschield
Haben Sie eine Straßenkarte dieser Gegend?	**Have you a road map of this area?**	hæw ju ö rood mæp ow ðiss äriö
Wo sind die Toiletten?	**Where are the toilets?**	uär ahr ðö **teu**lötss

AUTO – TANKSTELLE

Wo/Wohin?

Verzeihen Sie.	**Excuse me.**	iksskjuhs mi
Können Sie mir sagen, wie man nach... kommt?	**Can you tell me the way to...?**	kæn ju täl mi ðö ueej tu
Wie komme ich nach...?	**How do I get to...?**	hau du ai gät tu

Wohin führt diese Straße?	**Where does this road lead to?**	uär dös diss rood lied tu
Können Sie mir auf dieser Karte zeigen, wo ich bin?	**Can you show me this map where I am?**	kæn ju schoo mi an diss mæp uär ai æm
Wie weit ist es von hier nach...?	**How far is it to... from here?**	hau fahr is it tu... fröm hier

Umrechnung von Meilen in Kilometer										
1 Meile = 1,609 Kilometer										
Meilen	10	20	30	40	50	60	70	80	90	100
Kilometer	16	32	48	64	80	97	113	129	145	161

Umrechnung von Kilometern in Meilen												
1 Kilometer = 0,62 Meilen												
Kilometer	10	20	30	40	50	60	70	80	90	100	110	120	130
Meilen	6	12	19	25	31	37	44	50	56	62	68	75	81

You're on the wrong road.	Sie sind auf der falschen Straße.
Go straight ahead.	Fahren Sie geradeaus weiter.
It's down there on the left/right.	Es ist dort unten links/rechts.
Go to the first/second crossroad.	Fahren Sie bis zur ersten/zweiten Straßenkreuzung.
Turn left/right at the stop lights.	Biegen Sie bei den Verkehrsampeln links/rechts ab.

Im folgenden befassen wir uns nun genauer mit dem Auto selbst. Wir haben dieses Kapitel in zwei Abschnitte gegliedert:

Teil A enthält allgemeine Ratschläge und Tips über das Autofahren in den USA. Wir empfehlen Ihnen, diesen Abschnitt vor der Abreise kurz zu überfliegen.

Teil B vermittelt Ihnen den Wortschatz, den Sie bei Unfällen, Pannen und in Notlagen benötigen. Er enthält eine Liste mit Autoteilen und eine ausführliche Aufstellung von Schäden, die an Ihrem Wagen auftreten können. Sie brauchen also dem Mechaniker nur die entsprechenden Seiten zu zeigen, und er kann mit dem Finger die zutreffenden Ausdrücke bezeichnen.

Teil A

Zoll - Papiere

Sie können mit Ihrem eigenen Wagen und Nummernschild in die USA einreisen. Vergessen Sie das Nationalitätenkennzeichen nicht!

Bringen Sie Ihre Wagenpapiere und wenn möglich einen internationalen Führerschein mit: die Polizei wird weniger Mühe haben, sich mit diesem mehrsprachigen Dokument zurechtzufinden.

Haben Sie im Sinn, während einiger Zeit im Land umherzureisen, sollten Sie Mitglied des Amerikanischen Automobilklubs *(American Automobile Association–AAA)* werden, der zahlreiche wertvolle Leistungen wie Straßenunfalldienst, Verkehrsinformation und rechtliche Hilfe bietet.

Obwohl in einigen Staaten keine Autounfallversicherung verlangt wird, ist es sehr ratsam, eine Haftpflichtversicherung abzuschließen, damit Sie gegen Unfallschaden gegenüber Drittpersonen geschützt sind. Sie sollten in Ihrem eigenen Land eine solche Versicherung abschließen, da eine kurzfristige Versicherung in den USA teuer zu stehen kommt.

Hier ist mein...	**Here is/are my...**	hier is/ahr mai
Führerschein	**driver's license**	draiwörs laissönss
Internationaler Führerschein	**international driving permit**	intörnæschönöl draiwing pörmit
Paß	**passport**	pæsspohrt
Kraftfahrzeugschein	**registration papers**	rädʒösstreejschön peejpörs
Ich habe nichts zu verzollen.	**I haven't anything to declare.**	ai hæwönt äniθing tu diklär
Ich habe eine...	**I've a...**	aiw ö
Stange Zigaretten	**carton of cigarettes**	kahrtön öw ssigörätss
Flasche Whisky	**bottle of whiskey**	batöl öw uisski
Wir bleiben...	**We're staying for...**	uier ssteejing fohr
einen Monat	**a month**	ö mönθ
einige Monate	**a few months**	ö fjuh mönθss

Straßen

Das amerikanische Straßennetz ist ausgedehnt, sehr gut ausgebaut und modern. Autostraßen mit vier und sechs Fahrbahnen findet man hauptsächlich in der Nähe von Großstädten, wo starker Verkehr herrscht. Die Straßen haben Nummern und sind gut mit Wegweisern versehen.

Bundesstraßen sind durch ein mit einer Nummer versehenes Schild gekennzeichnet (siehe Abb. A). Staatsstraßen sind innerhalb des betreffenden Staates durch eine Nummer gekennzeichnet oder durch ein rechteckiges Schild, auf dem eingekreist auf schwarzem Grund die Straßennummer steht (Abb. B). Verbindungsstraßen zwischen Hauptstraßen heißen *interstates* und sind durch ein Schild gekennzeichnet, wie Sie es auf Abbildung C sehen. Straßen mit geraden Nummern verlaufen nach Osten und Westen, während solche mit ungeraden Nummern nach Norden und Süden führen.

Es gibt ein weites Netz von zum Teil gebührenpflichtigen Autobahnen mit Bezeichnungen wie: *interstate, expressway, freeway, turnpike* oder *toll road*. Die Geschwindigkeit ist auf 55 Meilen pro Stunde (88 km/h) beschränkt, und es wird strikt auf Einhaltung geachtet.

Parken

In größeren Städten gibt es zahlreiche Parkplätze und mehrstöckige Parkhäuser. Es kann sein, daß der Parkplatzwächter Sie um Ihre Wagenschlüssel bittet, damit er Ihren Wagen notfalls umparken kann. In vielen Städten gibt es auch Parkuhren. Achten Sie darauf, daß Sie Ihren Wagen nicht zu lange auf einer *tow-away-zone* stehen lassen. Er könnte abgeschleppt werden, und Sie müssten eine Buße bezahlen. Da der Verkehr in den Städten ständig zunimmt, werden Parkvergehen immer strenger geahndet.

Parken Sie nie auf einer Landstraße. Verlassen Sie sie, wenn Sie anhalten möchten.

Parken neben einem Feuerlöschanschluß ist nicht gestattet. Meist muß ein Abstand von 5 Metern beiderseits der rotgestrichenen Hydranten eingehalten werden.

Entschuldigen Sie. Darf ich hier parken?	**Excuse me. May I park here?**	iksskjuhs mi. meej ai pahrk hier
Wie hoch sind hier die Parkgebühren?	**What's the charge for parking here?**	uatss öö tschahrdʒ fohr pahrking hier
Muß ich das Parklicht brennen lassen?	**Do I have to leave my lights on?**	du ai hæw tu liew mai laitss an

Ratschläge

Beachten Sie die Verkehrszeichen und halten Sie sich genau an die Geschwindigkeitsvorschriften. Es werden strenge Kontrollen – oft mit Radarmeßgeräten – durchgeführt.

In den meisten Städten ist das Hupen verboten. Verstöße können bestraft werden.

Sie sind gesetzlich verpflichtet anzuhalten, wenn Sie einen gelben Schulbus an einer Haltestelle – auch auf der gegenüberliegenden Straßenseite – antreffen.

Es ist nicht ratsam, in den USA Anhalter mitzunehmen; in einigen Staaten ist es sogar gesetzlich verboten.

Beim *U.S. Travel Service* oder dem Amerikanischen Automobilklub erhalten Sie unentgeltlich ein selbstklebendes Schild für Ihre Windschutzscheibe, das Sie als Gast aus dem Ausland (*international visitor*) kennzeichnet. Sollten Sie in irgendwelche Schwierigkeiten geraten, könnte Ihnen das Schild zustatten kommen. Dank dieser «Auszeichnung» wird vielleicht die Polizei eher ein Auge zudrücken, wenn Sie unabsichtlich einen kleineren Verstoß gegen die Verkehrsvorschriften begangen haben.

Ich möchte ein *international-visitor*-Schild für meinen Wagen.	**I'd like an international-visitor decal for my car window.**	aid laik ön intörnæschönöl **w**isötör **d**iekæl for mai kahr **u**indoo

Amerikanische Verkehrstafeln

BIKE XING	Radfahrerübergang
BLASTING ZONE	Sprengzone
CAUTION	Vorsicht
DANGEROUS CURVE	Gefährliche Kurve
DEAD-END STREET	Sackgasse
DETOUR	Umleitung
EMERGENCY PARKING	Parkplatz für Notfälle
END OF CONSTRUCTION	Ende der Straßenarbeiten
EXACT CHANGE	Abgezähltes Kleingeld
EXIT TO THE LEFT/RIGHT	Ausfahrt nach links/rechts
FALLING ROCKS	Steinschlag
FOOD-GAS-DRINK-LODGING	Gaststätte-Benzin-Getränke-Unterkunft
LANE ENDS, MERGE LEFT	Ende des Fahrstreifens, links einordnen
MEN WORKING	Bauarbeiten
NO DUMPING	Schuttabladen verboten
NO HITCHHIKING	Keine Anhalter
NO HONKING	Hupen verboten
NO LEFT/RIGHT TURN	Links/Rechts abbiegen verboten
NO PARKING	Parken verboten
NO PARKING ANY TIME	Parkverbot zu jeder Tageszeit
NO STOPPING EXCEPT FOR EMERGENCY	Halten nur im Notfall gestattet
NO TRUCKS	Für Lastwagen verboten
NO U TURN	Wenden verboten
ONE WAY	Einbahnstraße
PASS AT OWN RISK	Auf eigene Gefahr überholen
PED. XING	Fußgängerüberweg
REDUCE SPEED	Geschwindigkeit verringern
REST AREA	Rastplatz
RIGHT LANE ENDS	Ende des rechten Fahrstreifens
ROAD CLOSED	Straße gesperrt
SLIPPERY WHEN WET	Schleudergefahr
SOFT SHOULDERS	Seitenstreifen nicht befahrbar
SPEED CHECKED BY RADAR	Geschwindigkeit mit Radar kontrolliert
SQUEEZE	Einordnen
TOLL AHEAD	Straßengebühr
TOW-AWAY ZONE	Abschleppzone
TRAFFIC LIGHTS	Verkehrsampeln
TRAFFIC MERGES	Einmündung
TURN ON LIGHTS	Licht einschalten
TWO-WAY TRAFFIC	Gegenverkehr
WATCH OUT CHILDREN	Vorsicht Kinder

WEITERE VERKEHRSZEICHEN, Seiten 160 und 161

Teil B

Unfälle

Dieses Kapitel befaßt sich mit den unmittelbar nach einem Unfall zu treffenden Maßnahmen. Rechtliche Fragen können später geregelt werden.

Ist jemand verletzt?	**Is anyone hurt?**	is äniuön höhrt
Bewegen Sie sich nicht.	**Don't move.**	doont muhw
Es geht gut. Keine Sorge.	**It's all right. Don't worry.**	itts ohl rait. doont uööri
Wo ist das nächste Telephon?	**Where's the nearest telephone?**	uärs öö nierösst tälöfoon
Darf ich Ihr Telephon benutzen? Es hat einen Unfall gegeben.	**Can I use your telephone? There's been an accident.**	kæn ai juhs johr tälöfoon? öärs bin ön ækssödönt
Rufen Sie rasch einen Arzt/Krankenwagen.	**Call a doctor/an ambulance quickly.**	kohl ö daktör/ön æmbjölönss kuikli
Es hat Verletzte gegeben.	**There are people injured.**	öär ahr piepöl indʒörd
Helfen Sie mir, sie aus dem Wagen zu holen.	**Help me get them out of the car.**	hälp mi gät öm aut öw öö kahr

Polizei - Informationsaustausch

Alle Unfälle – besonders diejenigen, die zu Verletzungen oder Materialschaden führen – müssen sofort der nächsten Polizeiwache gemeldet werden. Wählen Sie 0 (Null) und bitten Sie um Verbindung mit der Polizei oder um Entsendung eines Krankenwagens.

Rufen Sie bitte die Polizei.	**Please call the police.**	plies kohl öö pöliess
Es hat einen Unfall gegeben, ungefähr 2 Meilen von...	**There's been an accident. It's about 2 miles from...**	öärs bin ön ækssödönt. itss öbaut 2 mails fröm
Ich bin auf dem New Jersey Turnpike, 25 Meilen von New York City.	**I'm on the New Jersey Turnpike, 25 miles from New York City.**	aim an öö nuh dʒöhrsi töhrnpaik 25 mails fröm nuh johrk ssiti

AUTO – AUSKÜNFTE

Hier sind mein Name und meine Adresse.	**Here's my name and address.**	hiers mai neejm ænd ödräss
Würden Sie als Zeuge auftreten?	**Would you mind acting as a witness?**	uud ju maind ækting æs ö uitnöss
Ich möchte einen Dolmetscher.	**I'd like an interpreter.**	aid laik ön intöhrprötör

Panne

Dieses Kapitel unterteilen wir in vier Abschnitte:

1. *Auf der Straße*
   Sie fragen nach der nächsten Reparaturwerkstatt.
2. *In der Werkstatt*
   Sie sagen dem Mechaniker, was mit dem Auto los ist.
3. *Woran fehlt's?*
   Er sagt Ihnen, was vermutlich nicht in Ordnung ist.
4. *Reparatur*
   Sie bitten ihn, den Schaden zu beheben; Sie fragen, was es kostet, zahlen die Rechnung (oder diskutieren darüber).

1 - Auf der Straße

Wo ist die nächste Reparaturwerkstatt?	**Where's the nearest garage?**	uärs öö nierösst görah3
Verzeihen Sie, mein Wagen hat eine Panne. Darf ich Ihr Telephon benutzen?	**Excuse me. My car has broken down. May I use your phone?**	iksskjuhs mi. mai kahr hæs brookön daun. meej ai juhs johr foon
Wie ist die Telephonnummer der nächsten Reparaturwerkstatt?	**What's the telephone number of the nearest garage?**	uatss öö tälöfoon nömbör of öö nierösst görah3
Ich habe eine Panne in/bei...	**I've had a breakdown at...**	aiw hæd ö breejkdaun æt

Merke: Haben Sie eine Panne, entfernen Sie zuerst den Wagen von der Straße, bevor Sie Hilfe suchen. Befestigen Sie ein weißes Taschentuch am Türgriff oder an der Radioantenne und öffnen Sie die Motorhaube oder den Kofferraumdeckel als Zeichen, daß Sie Hilfe benötigen.

Können Sie uns einen Mechaniker schicken?	Can you send a mechanic?	kæn ju ssänd ö mökænik
Können Sie einen Abschleppwagen schicken?	Can you send a truck to tow my car?	kæn ju ssänd ö trök tu too mai kahr
Wie lange dauert es?	How long will you be?	hau long uil ju bie

2 - In der Werkstatt

Können Sie mir helfen?	Can you help me?	kæn ju hälp mi
Ich weiß nicht, was mit dem Wagen los ist.	I don't know what's wrong with it.	ai doont noo uatss rong uið it
Ich glaube, es stimmt etwas nicht mit...	I think there's something wrong with the...	ai θink ðärs ssömθing rong uið ðö
Abblendschalter	dimmers	dimörs
Anlasser	starter	sstahrtör
Auspuffrohr	exhaust line	igsohsst lain
Auspufftopf	muffler	möflör
Batterie	battery	bætöri
Beleuchtung	lights	laitss
Bremsleuchten	brake lights	breejk laitss
Rückfahrleuchten	backup lights	bæköp laitss
Schlußleuchten	tail lights	teejl laitss
Benzinpumpe/-tank	fuel pump/-tank	fjuhl pömp/tænk
Blinker	turn signal	töhrn ssignöl
Bremsbelag und -schutz	lining and covering	laining ænd köwöring
Bremsen	brakes	breejks
Elektrik	electrical system	iläktriköl ssisstöm
Federung	suspension	ssösspänschön
Filter	filter	filtör
Gangschaltung (automatisches) Getriebe	gears (automatic) transmission	giers (ohtömætik) trænsmischön
Glühbirnen	bulbs	bölbs
Handbremse	parking brake	pahrking breejk
Heizung	heating	hieting
Hupe	horn	hohrn
Kontakt	contact	kantækt
Kühler	radiator	reejdiejtör
Kühlung	cooling system	kuhling ssisstöm

Kupplung	**clutch**	klötsch
Leitungen	**lines**	lains
(Servo)Lenkung	**(power) steering**	(pauör) ss**tie**ring
Lichtmaschine	**generator**	d**ʒ**änöreitör
Motor	**engine**	ändʒön
Räder	**wheels**	uiels
Rückstrahler	**reflectors**	rifl**äk**törs
Scheibenwischer	**wipers**	u**ai**pörs
Scheinwerfer	**headlights**	h**äd**laitss
Schiebedach	**sliding roof**	ss**lai**ding ruhf
Schmiersystem	**lubrication system**	luhbrö**kee**jschön **ss**isst**ö**m
Sitz	**seat**	ssiet
Tachometer	**speedometer**	sspie**da**mötör
Ventilator	**fan**	fæn
Vergaser	**carburetor**	**kahr**björeejtör
Zündkerzen	**spark plugs**	sspahrk plögs
Zündung	**ignition system**	ignischön **ss**isstöm

RECHTS	LINKS	VORNE	HINTEN
RIGHT	**LEFT**	**FRONT**	**BACK**
(rait)	(läft)	(frönt)	(bæk)

Es ist.../Es... | It's... | itss

blockiert	**jammed**	dʒæmd
defekt	**defective**	difäktiw
durchgebrannt	**blown**	bloon
eingefroren	**frozen**	froosön
funktioniert nicht	**not working**	nat u**öhr**king
gebrochen	**broken**	brookön
gesprungen	**cracked**	krækt
klopft	**knocking**	naking
Kurzschluß	**short-circuiting**	schohrt **ss**öhr**k**öting
(zu) laut	**noisy**	neusi
locker	**slack**	sslæk
lose	**loose**	luhss
losgelöst	**disconnected**	disskön**äk**töd
rutscht	**slipping**	ss**li**ping
schadhaft	**bad**	bæd
schließt nicht	**blowing**	blooing
(zu) schwach	**weak**	uiek
trocken	**dry**	drai
undicht	**leaking**	**lie**king
verbrannt	**burned**	böhrnd
verbraucht	**worn**	uohrn

AUTO – REPARATUREN

verklemmt	**stuck**	sstök
verschlissen	**worn**	uohrn
vibriert	**vibrating**	waibreejting
überhitzt	**overheating**	oowörhieting
zündet fehl	**misfiring**	missfairing

Der Wagen springt nicht an.	**The car won't start.**	öö kahr uoont sstahrt
Er ist abgeschlossen und die Schlüssel sind drinnen.	**It's locked, and the keys are inside.**	itss lakt ænd öö kies ahr inssaid
Der Keilriemen ist zu schlaff.	**The fan belt is too slack.**	öö fæn bält is tuh sslæk
Der Kühler ist undicht.	**The radiator is leaking.**	öö reejdiejtör is lieking
Ich möchte Wartungs- und Schmierdienst.	**I want maintenance and lubrication service.**	ai uant meejntönönss ænd luhbrökeejschön ssöhrwöss
Das Standgas muß eingestellt werden.	**The idle needs adjusting.**	öö aidöl nieds öd**3**össting
Die Kupplung greift zu schnell.	**The clutch engages too quickly.**	öö klötsch ingeejd3ös tuh kuikli
Die Scheibenwischer schmieren.	**The wipers are smearing.**	öö uaipörs ahr ssmiering
Die Luftdruckfederung ist zu weich.	**The pneumatic suspension is weak.**	öö nuhmætik ssösspänschön is uiek
Die... muß nachgestellt werden.	**The... needs adjusting.**	öö... nieds öd**3**össting
Bremse/Kupplung	**brake/clutch**	breejk/klötsch

Nun haben Sie erklärt, was nicht in Ordnung ist, und möchten wissen, wie lange die Reparatur dauert, damit Sie weitere Vorkehrungen treffen können.

Wie lange dauert die Reparatur?	**How long will it take to repair?**	hau long uil it teejk tu ripär
Wie lange brauchen Sie, um den Fehler zu finden?	**How long will it take to find out what's wrong?**	hau long uil it teejk tu faind aut uatss rong
Kann ich in einer halben Stunde/morgen wiederkommen?	**Suppose I come back in half an hour/tomorrow?**	ssöpoos ai köm bæk in hæf ön aur/tömaroo

Würden Sie mich bitte in die Stadt fahren?	**Can you give me a ride into town?**	kæn ju giw mi ö raid intu taun
Kann man hier in der Nähe übernachten?	**Is there a place to stay nearby?**	is ðär ö pleejss tu ssteej nierbai

3 - Woran fehlt's?

Es obliegt nun dem Mechaniker, den Fehler zu finden und die Reparatur auszuführen. Sie brauchen ihm lediglich dieses Buch zu zeigen und auf den nachstehenden englischen Text zu deuten.

Please look at the following alphabetical list and point to the defective item. If your customer wants to know what's wrong with it, pick the applicable term from the next list (broken, shortcircuited, etc.).*

air filter	Luftfilter
automatic transmission	automatisches Getriebe
battery	Batterie
battery cells	Batteriezellen
battery liquid	Batterieflüssigkeit
bearing	Lager
block	Motorblock
brake	Bremse
brake drum	Bremstrommel
brushes	Kontaktbürsten
bumper	Stoßstange
cable	Kabel
camshaft	Nockenwelle
carburetor	Vergaser
clutch	Kupplung
clutch pedal	Kupplungspedal
clutch plate	Kupplungsscheibe
condensor	Kondensator
connection	Schaltung
contact	Kontakt
cooling system	Kühlung
crankcase	Kurbelwellengehäuse
crankshaft	Kurbelwelle
cylinder head	Zylinderkopf

AUTO – REPARATUREN

* Bitte sehen Sie in dieser alphabetisch geordneten Liste nach und weisen Sie auf das, was am Wagen nicht in Ordnung ist. Wenn Ihr Kunde wissen will, was damit los ist, zeigen Sie ihm den zutreffenden Ausdruck auf der nächsten Liste (gebrochen, Kurzschluß, usw.).

cylinder head gasket	Zylinderkopfdichtung
diaphragm	Membrane
dimmer switch	Abblendschalter
distilled water	destilliertes Wasser
distributor	Verteiler
distributor leads	Verteilerfinger
electrical system	Elektrik
engine	Motor
fan	Ventilator
fan belt	Keilriemen
filter	Filter
float	Schwimmer
fuel pump	Benzinpumpe
gas filter	Benzinfilter
gas pump	Benzinpumpe
gear	Gangschaltung
gear box	Getriebegehäuse
generator	Lichtmaschine
grease	Schmierfett
ignition coil	Zündspule
injection pump	Einspritzpumpe
joint	Gelenk
lining	Belag
main bearings	Hauptlager
oil filter/pump	Ölfilter/-pumpe
piston	Kolben
piston rings	Kolbenringe
pneumatic suspension	Luftdruckfederung
points	Platinkontakte
pressure springs	Druckfedern
propeller shaft	Gelenkwelle/Kardanwelle
pump	Pumpe
rack and pinion	Zahnstangengetriebe
radiator	Kühler
rings	Ringe
shaft	Welle
shock absorber	Stoßdämpfer
shoes	Bremsbacken
spark plugs	Zündkerzen
spark plug leads	Zündkerzenkabel
springs	Federn
stabilizer	Stabilisator
starter motor	Starter
steering	Lenkung
steering box	Lenkgehäuse
steering column post	Lenksäule
stems	Rohre/Stangen

suspension	Federung
tappets	Stößel
teeth	Zähne/Zahnrad
thermostat	Thermostat
track rod ends	Spurstangenenden
transmission	Getriebe
universal joint	Kardangelenk
valve	Ventil
valve spring	Ventilfeder
water pump	Wasserpumpe

The following list contains words which describe what's wrong as well as what may need to be done.*

to adjust	nachstellen
to balance	auswuchten
to bleed	entlüften
blocked	verstopft
blown	durchgebrannt
blowing	schließt nicht
broken	kaputt
burned	verbrannt
to change	auswechseln
to charge	aufladen
to clean	reinigen
corroded	verrostet
cracked	gesprungen
defective	defekt
dirty	verschmutzt
disconnected	losgelöst
dry	trocken
frozen	gefroren
to grind in	einschleifen
(too) high	(zu) hoch
jammed	blockiert
knocking	klopft
leaking	undicht
loose	lose
to loosen	lockern
(too) low	(zu) niedrig
misfiring	Fehlzündung
overheating	überhitzt
play	Spiel haben

* Die Ausdrücke in der folgenden Liste helfen Ihnen, zu erklären, was nicht in Ordnung ist und wie man den Schaden beheben kann.

puncture	Reifenpanne
(too) quick	(zu) schnell
to reline	neu belegen
to replace	ersetzen
(too) short	(zu) kurz
short-circuited	Kurzschluß
(too) slack	(zu) schlaff
slipping	rutscht
to strip down	ausbauen
stuck	verklemmt
to tighten	anziehen
vibrating	vibriert
warped	verbogen
(too) weak	(zu) schwach
worn	verschlissen/abgenutzt

4 - Reparatur

Haben Sie den Fehler gefunden?	**Have you found the trouble?**	hæw ju faund ðö tröböl

Da Sie jetzt wissen, was nicht in Ordnung ist, oder zumindest eine Ahnung haben, fragen Sie:

Ist das schlimm?	**Is that serious?**	is ðæt **ssieriöss**
Können Sie es reparieren?	**Can you repair it?**	kæn ju ripär it
Können Sie es sofort reparieren?	**Can you do it now?**	kæn ju duh it nau
Was wird es kosten?	**What's it going to cost?**	uatss it **goo**ing tu kosst

Und wenn er «nein» sagt?

Warum können Sie es nicht reparieren?	**Why can't you do it?**	uai kænt ju duh it
Geht es nicht ohne dieses Ersatzteil?	**Is it essential to have that part?**	is it **issän**schöl tu hæw ðæt pahrt
Wie lange brauchen Sie für die Beschaffung der Ersatzteile?	**How long is it going to take to get the spare parts?**	hau long is it **goo**ing tu teejk tu gät ðö sspär pahrtss
Wo ist die nächste Werkstatt, die das reparieren kann?	**Where's the nearest garage that can repair it?**	uärs ðö **nie**rösst göra**hȝ** ðæt kæn ripär it

Können Sie es so reparieren, daß ich noch bis… komme?	**Can you fix it so that I can get as far as…?**	kæn ju fikss it ssoo ðæt ai kæn gät æs fahr æs

Wenn Sie wirklich festsitzen, fragen Sie am besten, ob Sie den Wagen in der Werkstatt lassen können. Nehmen Sie mit dem Amerikanischen Automobilklub *(American Automobile Association)* Verbindung auf – oder mieten Sie einen anderen Wagen.

Rechnung

Ist der Schaden behoben?	**Is everything fixed?**	is äwriθing fiksst
Wieviel schulde ich Ihnen?	**How much do I owe you?**	hau mötsch du ai oo ju

Sie bekommen von der Garage eine Rechnung. Sind Sie einverstanden, so sagen Sie…

Nehmen Sie Reiseschecks?	**Do you accept traveler's checks?**	du ju ökssäpt træwlörs tschäkss
Vielen Dank für Ihre Hilfe.	**Thanks very much for your help.**	θænkss wäri mötsch fohr johr hälp
Das ist für Sie.	**This is for you.**	ðiss is fohr ju

Haben Sie jedoch den Eindruck, daß nachläßig gearbeitet wurde oder daß Sie Arbeit bezahlen, die nicht ausgeführt wurde, verlangen Sie eine spezifizierte Rechnung.

Ich möchte die Rechnung erst prüfen. Können Sie die Arbeit spezifizieren?	**I'd like to check the bill first. Will you itemize the work done?**	aid laik tu tschäk ðö bil föhrsst. uil ju aitömais ðö uöhrk dön

Wenn die Werkstatt nicht nachgibt und Sie sicher sind, daß Sie recht haben, wenden Sie sich am besten an einen Vertreter des Amerikanischen Automobilklubs oder des *Better Business Bureau* (eine Organisation zum Schutz des Konsumenten).

Verkehrszeichen

Die amerikanischen Verkehrszeichen werden allmählich dem internationalen System angepaßt.

Halt!

Zulässige Höchstgeschwindigkeit

Vorfahrt gewähren

Durchfahrt verboten

Rechts vorbeifahren

Überholen verboten

Fahrradübergang

Getrennte Fahrbahn

Ende der getrennten Fahrbahn

Höchsthöhe

Einmündung einer Nebenstraße

Verkehrszeiche voraus

Schule

Schülerübergang

Fußgängerübergang

Gefährliche(s) Steigung/Gefälle

Vorsicht! Tiere

Vorsicht! Wild

Vorsicht! Landwirtschaftsfahrzeuge

Fahrradweg

Wanderweg

Entfernungsangabe (in Meilen)

Straßenarbeiten 1500 Fuß voraus

Bahnübergang

Rechts fahren

Höchstgeschwindigkeit nachts

Umleitung im Notfall

Rechts oder links vorbeifahren

Arzt

Offen gesagt, was nützt Ihnen ein Sprachführer, wenn Sie schwer verletzt oder krank sind? In einem solchen Fall brauchen Sie einen einzigen Satz:

Holen Sie schnell einen Arzt!	**Get a doctor quickly!**	gät ö **daktör kuikli**

Doch abgesehen von diesem Ernstfall gibt es genug kleinere Gesundheitsstörungen, Schmerzen und Unpäßlichkeiten, die manchmal die bestgeplante Reise durcheinanderbringen. Hier können wir Ihnen behilflich sein – und vielleicht auch dem Arzt.

Sie werden schwerlich einen Arzt finden, der Deutsch spricht. Für den Notfall jedoch kann Ihnen Ihr Konsulat sicher Ärzte nennen, die einige Deutschkenntnisse haben. In den meisten Fällen wird Ihnen der Arzt wegen Verständigungsschwierigkeiten nicht alles erklären können. An solche Fälle haben wir gedacht. Wie Sie aus den nächsten Seiten ersehen werden, wollen wir Ihnen und dem Arzt helfen, sich zu verständigen. Auf den Seiten 165 bis 171 finden Sie Ihren Teil des Gesprächs auf der oberen, denjenigen des Arztes auf der unteren Hälfte der Seite.

Das ganze Kapitel ist in drei Abschnitte eingeteilt: Krankheit, Wunden, Nervosität. Auf Seite 171 befassen wir uns mit Rezepten und Honoraren.

Allgemeines

Ich brauche einen Arzt, schnell.	**I need a doctor quickly.**	ai nied ö **daktör kuikli**
Können Sie einen Arzt holen?	**Can you get me a doctor?**	kæn ju gät mi ö **daktör**
Gibt es hier einen Arzt?	**Is there a doctor here?**	is ðär ö **daktör** hier

Bitte rufen Sie sofort einen Arzt an.	**Please telephone for a doctor immediately.**	plies tälöfoon fohr ö daktör imiediötli
Gibt es einen Arzt, der Deutsch spricht?	**Is there a doctor who speaks German?**	is där ö **daktör** huh sspiekss dʒöhrmön
Wo ist die Arztpraxis?	**Where's the doctor's office?**	uärs ðö **daktörs oföss**
Wann ist Sprechstunde?	**What are the office hours?**	uat ahr ðö oföss aurs
Könnte der Arzt mich hier behandeln?	**Could the doctor come to see me here?**	kud ðö **daktör** köm tu ssie mi hier
Wann kann der Arzt kommen?	**What time can the doctor come?**	uat taim kæn ðö **daktör** köm

Symptome

Sagen Sie dem Arzt mit Hilfe dieses Abschnittes, was Ihnen fehlt. Was er hauptsächlich wissen muß, ist folgendes:

Was? (Schmerz, Leiden, Quetschung usw.)
Wo? (Arm, Magen usw.)
Wie lange? (haben Sie die Beschwerden gehabt)

Bevor Sie zum Arzt gehen, sollten Sie sich mit Hilfe der Listen auf den nächsten Seiten auf die Fragen des Arztes vorbereiten. Auf diese Weise sparen Sie Zeit.

Ader	**vein**	weejn
Arm	**arm**	ahrm
Arterie	**artery**	**ahrtöri**
Auge	**eye**	ai
Bein	**leg**	läg
Blase	**bladder**	**blædör**
Blinddarm	**appendix**	öpändikss
Blut	**blood**	blöd
Brust	**breast**	brässt
Brustkorb	**chest**	tschässt
Darm	**bowels**	bauöls
Daumen	**thumb**	θöm
Drüse	**gland**	glænd
Eingeweide	**intestines**	intässtöns

ARZT

Ellbogen	**elbow**	älboo
Ferse	**heel**	hiel
Finger	**finger**	fing gör
Fuß	**foot**	fut
Gelenk	**joint**	dʒeunt
Gesicht	**face**	feejss
Haar	**hair**	här
Hals	**neck/throat**	näk/θroot
Hand	**hand**	hænd
Kehle	**throat**	θroot
Kiefer	**jaw**	dʒoh
Kinn	**chin**	tschin
Knie	**knee**	nie
Kniescheibe	**knee cap**	nie kæp
Knöchel	**ankle**	ænköl
Knochen	**bone**	boon
Kopf	**head**	häd
Leber	**liver**	liwör
Lippe	**lip**	lip
Lunge	**lung**	löng
Magen	**stomach**	sstömök
Mandeln	**tonsils**	tanssöls
Mund	**mouth**	mauθ
Muskel	**muscle**	mössöl
Nacken	**neck**	näk
Nase	**nose**	noos
Nerv	**nerve**	nöhrw
Nervensystem	**nervous system**	nöhrwöss ssisstöm
Niere	**kidney**	kidni
Ohr	**ear**	ier
Rippe	**rib**	rib
Rücken	**back**	bæk
Schenkel	**thigh**	θai
Schlüsselbein	**collar-bone**	kalörboon
Schulter	**shoulder**	schooldör
Sehne	**tendon**	tändön
Stirn	**forehead**	fohrhäd
Wange	**cheek**	tschiek
Wirbelsäule	**spine**	sspain
Zehe	**toe**	too
Zunge	**tongue**	töng

der, die, das linke.../links	der, die, das rechte.../rechts
the left.../on the left side	**the right.../on the right side**
(ðö läft.../an ðö läft ssaid)	(ðö rait.../an ðö rait ssaid)

PATIENT

1 - Krankheit

Ich fühle mich nicht wohl.	**I'm not feeling well.**	aim nat **fie**ling uäl
Ich bin krank.	**I'm ill.**	aim il
Ich habe hier Schmerzen.	**I've got a pain here.**	aiw gat ö **pee**jn hier
Sein/Ihr... tut weh.	**His/Her... hurts.**	his/hör...**höhrt**ss
Ich habe...	**I've got...**	aiw gat
Fieber	**a fever**	ö **fie**wör
Halsschmerzen	**a sore throat**	ö ssohr θroot
Kopfweh	**a headache**	ö **hä**deejk
Reisekrankheit	**travel sickness**	**træ**wöl **ssik**nöss
Rückenschmerzen	**a backache**	ö **bæ**keejk
Ich habe Verstopfung.	**I'm constipated.**	aim **kansst**öpeejtöd
Ich habe mich übergeben.	**I've been vomiting.**	aiw bien **wa**möting

ARZT

1 - Illness

What's the trouble?	Was fehlt Ihnen?
Where does it hurt?	Wo tut es weh?
How long have you had this pain?	Wie lange haben Sie diese Schmerzen schon?
How long have you been feeling like this?	Wie lange fühlen Sie sich schon so?
Roll up your sleeve.	Streifen Sie den Ärmel hoch.
Please remove your pants and shorts.	Ziehen Sie bitte Hose und Unterhose aus.
Please undress down to the waist.	Bitte machen Sie den Oberkörper frei.

PATIENT

Ich fühle mich schwach.	I feel faint.	ai fiel feejnt
Mir ist schwindlig.	I feel dizzy.	ai fiel disi
Mir ist übel.	I feel nauseous.	ai fiel nohschöss
Mich fröstelt.	I feel shivery.	ai fiel schiwöri
Ich habe/Er hat/Sie hat...	I've/He's/She's got...	aiw/hies/schies gat
Abszeß	an abcess	ön æbssöss
Asthma	asthma	æsmö
Bruch	a hernia	ö höhrniö
Durchfall	diarrhea	daiörieö
...entzündung	an inflammation of...	ön inflömeejschön öw
Erkältung	a cold	ö koold
Fieber	a fever	ö fiewör
Furunkel	a boil	ö beul
Geschwür	an ulcer	ön ölssör
Grippe	influenza	influhänsö

ARZT

Please lie down over here.	Bitte legen Sie sich hierhin.
Open your mouth.	Machen Sie den Mund auf.
Breathe deeply.	Tief atmen, bitte.
Cough, please.	Husten Sie bitte.
I'll take your temperature.	Ich werde Ihre Temperatur messen.
I'm going to take your blood pressure.	Ich werde Ihren Blutdruck messen.
Is this the first time you've had this?	Haben Sie das zum ersten Mal?
I'll give you an injection.	Ich gebe Ihnen eine Spritze.
I want a specimen of your urine/stools.	Ich möchte eine Urin-/Stuhlprobe von Ihnen.

PATIENT

Hämorrhoiden	**hemorrhoids**	hämoreuds
Heuschnupfen	**hay fever**	heej fiewör
Keuchhusten	**whooping cough**	huhping kaf
Krampf	**a cramp**	ö kræmp
Krämpfe	**convulsions**	könwölschöns
Magenverstimmung	**indigestion**	indaidʒässtschön
Mandelentzündung	**tonsillitis**	tanssölaitöss
morgendliche Übelkeit	**morning sickness**	mohrning ssiknöss
Rheuma	**rheumatism**	ruhmötism
Sonnenbrand	**a sunburn**	ö ssönböhrn
Sonnenstich	**a sunstroke**	ö ssönsstrook
steifer Nacken	**a stiff neck**	ö sstif näk
Verstopfung	**constipation**	kansstöpeejschön
Hoffentlich ist es nichts Ernstes?	**It's nothing serious, I hope?**	itss nöθing ssieriös ai hoop
Ich mochte, daß Sie mir ein Medikament verschreiben.	**I'd like you to prescribe some medicine for me.**	aid laik ju tu prisskraib ssom mädössön fohr mi

ARZT

It's nothing to worry about. — Sie brauchen sich keine Sorgen zu machen.

You must stay in bed for... days. — Sie müssen... Tage im Bett bleiben.

You've got... — Sie haben...

a cold/arthritis/pneumonia/influenza/food poisoning/an inflammation of.../an appendicitis — Erkältung/Arthritis/Lungenentzündung/Grippe/Lebensmittelvergiftung/...entzündung/Blinddarmentzündung

You're over-tired. You need a rest. — Sie sind übermüdet. Sie müssen ausspannen.

I want you to go to the hospital for a general check-up. — Sie müssen zu einer Generaluntersuchung ins Krankenhaus.

I'll prescribe an antibiotic. — Ich werde Ihnen ein Antibiotikum verschreiben.

PATIENT

Ich bin Diabetiker.	I'm a diabetic.	aim ö daiöbätik
Ich habe ein Herzleiden.	I've a cardiac condition.	aiw ö kahrdiök köndischön
Ich hatte einen Herzanfall in...	I had a heart attack in...	aiw hæd ö hahrt ötæk in
Ich bin gegen... allergisch.	I'm allergic to...	aim ölöhrdʒik tu
Gewöhnlich nehme ich dieses Medikament.	This is my usual medicine.	ðiss is mai juhʒöl mädössön
Ich brauche dieses Medikament.	I need this medicine.	ai nied ðiss mädössön
Ich erwarte ein Baby.	I'm expecting a baby.	aim iksspäkting ö beejbi
Kann ich reisen?	Can I travel?	kæn ai træwöl

ARZT

What dose of insulin are you taking?	Welche Dosis Insulin nehmen Sie?
Injection or oral?	Einspritzung oder Tabletten?
What treatment have you been having?	Wie sind Sie behandelt worden?
What medicine have you been taking?	Welches Medikament haben Sie genommen?
You've had a (slight) heart attack.	Sie haben einen (leichten) Herzanfall gehabt.
We don't use... in the USA. This is very similar.	...führen wir in den USA nicht. Dies ist ein ähnliches Mittel.
When's the baby due?	Wann erwarten Sie das Baby?
You can't travel until...	Bis... können Sie nicht reisen.

PATIENT

2 - Wunden, Abschürfungen usw.

Würden Sie sich diese/ diesen... ansehen?	Could you have a look at this...?	kud ju hæw ö luk æt ðiss
Abschürfung	graze	greejs
Ausschlag	rash	ræsch
Beule	lump	lömp
Blase	blister	**bliss**tör
Brandwunde	burn	böhrn
Furunkel	boil	beul
Insektenstich	insect bite	**inss**äkt bait
Quetschung	bruise	bruhs
Schnittwunde	cut	köt
Schwellung	swelling	**ssu**äling
Stich	sting	ssting
Wunde	wound	uuhnd
Ich kann... nicht bewegen. Es schmerzt.	I can't move... It hurts.	ai kænt muhw... it höhrtss

---

ARZT

2 - Wounds

It's (not) infected.	Es ist (nicht) infiziert.
You've got a slipped disk.	Sie haben einen Bandscheibenvorfall.
I want you to have an X-ray.	Ich muß eine Röntgenaufnahme machen.
It's...	Es ist...
broken/sprained dislocated/torn	gebrochen/verstaucht verrenkt/gerissen
You've pulled a muscle.	Sie haben eine Muskelzerrung.
I'll give you an antiseptic. It's not serious.	Ich gebe Ihnen ein Antiseptikum. Es ist nichts Ernstes.
I want you to come and see me in... day's time.	In... Tagen möchte ich Sie wieder sehen.

PATIENT

3 - Unruhe / Nervosität

Ich bin übernervös.	I'm in a nervous state.	aim in ö nöhrwöss ssteejt
Ich habe Depressionen.	I'm feeling depressed.	aim fieling diprässt
Ich brauche Schlaftabletten.	I want some sleeping pills.	ai uant ssöm sslieping pils
Ich kann nicht essen/schlafen.	I can't eat/sleep.	ai kænt iet/ssliep
Ich habe Alpträume.	I'm having nightmares.	aim hæwing naitmärs
Können Sie mir ein... verschreiben?	Can you prescribe a...?	kæn ju prisskraib ö
Beruhigungsmittel	sedative	ssädötiw
Mittel gegen Depressionen	anti-depressant	ænti-diprässönt

ARZT

3 - Nervous tension

You're suffering from nervous tension.	Sie leiden unter nervöser Spannung.
You need a rest.	Sie haben Ruhe nötig.
What pills have you been taking?	Welche Tabletten haben Sie genommen?
How many a day?	Wie viele pro Tag?
How long have you been feeling like this?	Wie lange fühlen Sie sich schon so?
I'll prescribe some pills.	Ich verschreibe Ihnen Tabletten.
I'll give you a sedative.	Ich gebe Ihnen ein Beruhigungsmittel.

PATIENT

Rezept und Dosis

Was für ein Medikament ist das?	What kind of medicine is this?	uat kaind öw mädössön is ðiss
Wie oftmals täglich muß ich es nehmen?	How many times a day should I take it?	hau mäni taims ö deej schud ai teejk it
Muß ich sie ganz schlucken?	Must I swallow them whole?	mösst ai ssualoo ðöm hool

Honorar

Wieviel schulde ich Ihnen?	How much do I owe you?	hau mötsch du ai oo ju
Soll ich gleich bezahlen oder schicken Sie mir die Rechnung?	Do I pay you now or will you send me your bill?	du ai peej nau ohr uil ju ssänd mi johr bil
Würden Sie mir bitte eine Quittung geben?	May I have a receipt?	meej ai hæw ö rissiet
Vielen Dank für Ihre Hilfe, Herr Doktor.	Thanks for your help, Doctor.	θænkss fohr johr hälp daktör

---

ARZT

Prescriptions and dosage

Take... teaspoons of this medicine every... hours.

Nehmen Sie von dieser Medizin alle... Stunden ...Teelöffel.

Take... pills with a glass of water...

Nehmen Sie... Tabletten mit einem Glas Wasser...

...times a day
before each meal
after each meal
between meals
in the morning
at night

...mal täglich
vor jeder Mahlzeit
nach jeder Mahlzeit
zwischen den Mahlzeiten
morgens
abends

Fee

That's $10, please.

Das macht 10 Dollar, bitte.

I'll send you a bill.

Ich schicke Ihnen die Rechnung.

ZAHLEN, Seite 175

Zahnarzt

Können Sie einen guten Zahnarzt empfehlen?	**Can you recommend a good dentist?**	kæn ju räkömänd ö gud däntösst
Kann ich einen (dringenden) Termin bei Herrn Dr. ... ausmachen?	**Can I make an (urgent) appointment to see Doctor...?**	kæn ai meejk ön (öhrdjönt) öpeuntmönt tu ssie daktör
Geht es wirklich nicht eher?	**Can't you possibly make it earlier than that?**	kænt ju passöbli meejk it öhrliör ðæn ðæt
Ich habe Zahnschmerzen.	**I've a toothache.**	aiw ö tuhθeejk
Ich habe einen Abszeß.	**I've an abcess.**	aiw ön æbssöss
Dieser Zahn schmerzt.	**This tooth hurts.**	ðiss tuhθ höhrtss
oben	**at the top**	æt ðö tap
unten	**at the bottom**	æt ðö batöm
vorne	**in the front**	in ðö frönt
hinten	**at the back**	æt ðö bæk
Können Sie ihn provisorisch behandeln?	**Can you fix it temporarily?**	kæn ju fikss it tämpöräröli
Ich möchte ihn nicht ziehen lassen.	**I don't want it extracted.**	ai doont uant it iksstræktöd
Ich habe eine Füllung verloren.	**I've lost a filling.**	aiw losst ö filing
Das Zahnfleisch ist wund/blutet.	**The gum is very sore/The gum is bleeding.**	ðö göm is wäri ssohr/ðö göm is blieding

Gebiß

Mein Gebiß ist zerbrochen.	**I've broken this denture.**	aiw brookön ðiss däntschör
Können Sie das Gebiß reparieren?	**Can you repair this denture?**	kæn ju ripär ðiss däntschör
Wann ist es fertig?	**When will it be ready?**	uän uil it bie rädi

Optiker

Meine Brille ist zerbrochen.	I've broken my glasses.	aiw **broo**kön mai **glæss**ös
Können Sie sie reparieren?	Can you repair them for me?	kæn ju ri**pär** ðöm fohr mi
Wann ist sie fertig?	When will they be ready?	uän uil ðeej bie **rä**di
Können Sie die Gläser auswechseln?	Can you change the lenses?	kæn ju tscheejndʒ ðö **läns**ös
Ich möchte getönte Gläser.	I want tinted lenses.	ai uant **tint**öd **läns**ös
Ich möchte Kontaktlinsen.	I want some contact lenses.	ai uant ssöm **kan**tækt **läns**ös
Ich hätte gern einen Feldstecher.	I'd like a pair of binoculars.	aid laik ö pär öw bö**nak**jölörs
Ich hätte gern eine Sonnenbrille.	I'd like to buy a pair of sun-glasses.	aid laik to bai ö pär öw **sssöng**læssös
Wieviel schulde ich Ihnen?	How much do I owe you?	hau mötsch du ai oo ju
Soll ich jetzt bezahlen oder schicken Sie mir die Rechnung?	Do I pay you now or will you send me your bill?	du ai peej ju nau ohr uil ju ssänd mi johr bil

ZAHLEN, Seite 175

Allerlei Wissenswertes

Woher kommen Sie?

Hier finden Sie eine Auswahl von Ländern sowie einige schwierig auszusprechende Staaten, Provinzen und Städte in Nordamerika.

Afrika	**Africa**	æfrikö
Asien	**Asia**	eejʒö
Australien	**Australia**	ohsstreejljö
BRD	**West Germany**	uässt dʒöhrmöni
China	**China**	tschainö
DDR	**East Germany**	iesst dʒöhrmöni
Deutschland	**Germany**	dʒöhrmöni
Europa	**Europe**	iuröp
Frankreich	**France**	frænss
Großbritannien	**Great Britain**	greejt britön
Japan	**Japan**	dʒöpæn
Kanada	**Canada**	kænödö
Mexiko	**Mexico**	mäkssikoo
Mittelamerika	**Central America**	ssäntröl ömärökö
Nordamerika	**North America**	nohrθ ömärökö
Österreich	**Austria**	ohsstriö
Schweiz	**Switzerland**	ssuitssörlönd
Sowjetunion	**Soviet Union**	ssoowiät juhnjön
Südamerika	**South America**	ssauθ ömärökö
Vereinigte Staaten	**United States**	junaitöd **steejtss**

Arkansas	ahrkönssoh		**Quebec**	kuibäk
Connecticut	könätiköt		**Rhode Island**	rood ailönd
Idaho	aidöhoo		**Saskatchewan**	ssösskætschöuön
Illinois	ilöneu		**South Carolina**	ssauθ kærölainö
Iowa	aiöuö		**Utah**	juhtoh
Ohio	oohaioo		**Virginia**	wöhrdʒinjö
Oregon	ohrigön		**Wyoming**	uaiooming

Albuquerque	ælbököhrki		**Mobile**	moobiel
Baton Rouge	bætön ruhʒ		**Montreal**	mantriohl
Birmingham	böhrminghæm		**New Orleans**	nuh ohrliens
Boise	beusi		**Omaha**	oomöhoh
Charleston	tschahrlsstön		**Phoenix**	fienikss
Chattanooga	tschætönuhgö		**Reno**	rienoo
Des Moines	dimeum		**St. Louis**	sseejnt luhöss
Detroit	ditreut		**Schenectady**	sskönäktödi
Louisville	luhiwil		**Seattle**	ssiætöl
Miami	maiæmi		**Tucson**	tuhssan
Milwaukee	miluohki		**Vancouver**	wænkuhwör

Zahlen

0	zero/»0«	sieroo/oo
1	one	uön
2	two	tuh
3	three	θrie
4	four	fohr
5	five	faiw
6	six	ssikss
7	seven	ssäwön
8	eight	eejt
9	nine	nain
10	ten	tän
11	eleven	ilävön
12	twelve	tuälw
13	thirteen	θöhrtien
14	fourteen	fohrtien
15	fifteen	fiftien
16	sixteen	ssiksstien
17	seventeen	ssäwöntien
18	eighteen	eejtien
19	nineteen	naintien
20	twenty	tuänti
21	twenty-one	tuänti-uön
22	twenty-two	tuänti-tuh
23	twenty-three	tuänti-θrie
24	twenty-four	tuänti-fuhr
25	twenty-five	tuänti-faiw
26	twenty-six	tuänti-ssikss
27	twenty-seven	tuänti-ssäwön
28	twenty-eight	tuänti-eejt
29	twenty-nine	tuänti-nain
30	thirty	θöhrti
31	thirty-one	θöhrti-uön
32	thirty-two	θöhrti-tuh
33	thirty-three	θöhrti-θrie
40	forty	fohrti
41	forty-one	fohrti-uön
42	forty-two	fohrti-tuh
43	forty-three	fohrti-θrie
50	fifty	fifti
51	fifty-one	fifti-uön
52	fifty-two	fifti-tuh
53	fifty-three	fifti-θrie
60	sixty	ssikssti
61	sixty-one	ssikssti-uön
62	sixty-two	ssikssti-tuh

63	sixty-three	ssikssti-θrie
70	seventy	ssäwönti
71	seventy-one	ssäwönti-uön
72	seventy-two	ssäwönti-tuh
73	seventy-three	ssäwönti-θrie
80	eighty	eejti
81	eighty-one	eejti-uön
82	eighty-two	eejti-tuh
83	eighty-three	eejti-θrie
90	ninety	nainti
91	ninety-one	nainti-uön
92	ninety-two	nainti-tuh
93	ninety-three	nainti-θrie
100	one hundred	uön höndröd
101	one hundred and one	uön höndröd ænd uön
102	one hundred and two	uön höndröd ænd tuh
110	one hundred and ten	uön höndröd ænd tän
120	one hundred and twenty	uön höndröd ænd tuänti
130	one hundred and thirty	uön höndröd ænd θöhrti
140	one hundred and forty	uön höndröd ænd fohrti
150	one hundred and fifty	uön höndröd ænd fifti
160	one hundred and sixty	uön höndröd ænd ssikssti
170	one hundred and seventy	uön höndröd ænd ssäwönti
180	one hundred and eighty	uön höndröd ænd eejti
190	one hundred and ninety	uön höndröd ænd nainti
200	two hundred	tuh höndröd
300	three hundred	θrie höndröd
400	four hundred	fohr höndröd
500	five hundred	faiw höndröd
600	six hundred	ssikss höndröd
700	seven hundred	ssäwön höndröd
800	eight hundred	eejt höndröd
900	nine hundred	nain höndröd
1000	one thousand	uön θausönd
1100	one thousand one hundred	uön θausönd uön höndröd
1200	one thousand two hundred	uön θausönd tuh höndröd
2000	two thousand	tuh θausönd
5000	five thousand	faiw θausönd
10,000	ten thousand	tän θausönd
50,000	fifty thousand	fifti θausönd
100,000	one hundred thousand	uön höndröd θausönd
1,000,000	one million	uön miljön
1,000,000,000	one billion	uön biljön

1.	**first**	föhrsst
2.	**second**	ssäkönd
3.	**third**	θöhrd
4.	**fourth**	fohrθ
5.	**fifth**	fifθ
6.	**sixth**	ssikssθ
7.	**seventh**	ssäwönθ
8.	**eighth**	eejtθ
9.	**ninth**	nainθ
10.	**tenth**	tänθ
einmal	**once**	uönss
zweimal	**twice**	tuaiss
dreimal	**three times**	θrie taims
die Hälfte	**a half**	ö hæf
die Hälfte von…	**half of…**	hæf öw
halb	**half**	hæf
ein Viertel	**a quarter**	ö **kuohrtör**
ein Drittel	**one third**	uön θöhrd
ein Paar	**a pair of**	ö pär öw
ein Dutzend	**a dozen**	ö dösön
1985	**nineteen eighty-five**	nain**tien eejti**-faiw
1986	**nineteen eighty-six**	nain**tien eejti**-ssikss
1990	**nineteen ninety**	nain**tien** nainti

ALLERLEI WISSENSWERTES

Die Zeit

a quarter past twelve
(ö **kuohr**tör pæsst tuälw)

twenty past one
(**tuän**ti pæsst uön)

twenty-five past two
(**tuän**ti-faiw pæsst tuh)

half past three
(hæf pæsst θrie)

twenty-five to five
(**tuän**ti-faiw tu faiw)

twenty to six
(**tuän**ti tu ssikss)

a quarter to seven
(ö **kuohr**tör tu **ssä**wön)

ten to eight
(tän tu eejt)

five to nine
(faiw tu nain)

ten o'clock
(tän **ö**klak)

five past eleven
(faiw pæsst i**lä**wön)

ten past twelve
(tän pæsst tuälw)

In Nordamerika wird das 12-Stunden-System verwendet. Von Mitternacht bis Mittag fügt man der Zeitangabe **a.m.** hinzu (z.B.: 8:30 a.m. = 8.30), von Mittag bis Mitternacht **p.m.** (z.B.: 10:15 p.m. = 22.15).

Nützliche Ausdrücke

Wie spät ist es?	**What time is it?**	uat taim is it
Es ist...	**It's...**	itss
Verzeihung. Können Sie mir bitte sagen, wie spät es ist?	**Excuse me. Can you tell me the time?**	iksskjuhs mi. kæn ju täl mi ðö taim
Ich treffe Sie morgen um...	**I'll meet you at... tomorrow.**	ail miet ju æt... tömaroo
Es tut mir leid, ich habe mich verspätet.	**I'm sorry I'm late.**	aim ssari aim leejt
Um wieviel Uhr öffnet...?	**At what time does... open?**	æt uat taim dös... oopön
Um wieviel Uhr schließt...?	**At what time does... close?**	æt uat taim dös... kloos
Wie lange dauert es?	**How long will it last?**	hau long uil it læsst
Wann ist es zu Ende?	**What time will it end?**	uat taim uil it änd
Um wieviel Uhr soll ich dort sein?	**At what time should I be there?**	æt uat taim schud ai bie ðär
Wann werden Sie dort sein?	**At what time will you be there?**	æt uat taim uil ju bie ðär
Kann ich um... kommen?	**Can I come...?**	kæn ai köm
acht/halb drei Uhr	**at 8 o'clock/at 2:30**	æt 8 öklak/æt 2 θöhrti
nach...	**after**	æftör
nachher	**afterwards**	æftöruördss
vor...	**before**	bifohr
vorher	**before**	bifohr
früh	**early**	öhrli
rechtzeitig	**in time**	in taim
spät	**late**	leejt
Mitternacht	**midnight**	midnait
Mittag	**noon**	nuhn
Stunde	**hour**	aur
Minute	**minute**	minöt
Sekunde	**second**	ssäkönd
Viertelstunde	**quarter of an hour**	kuohrtör öw ön aur
halbe Stunde	**half an hour**	hæf ön aur

ALLERLEI WISSENSWERTES

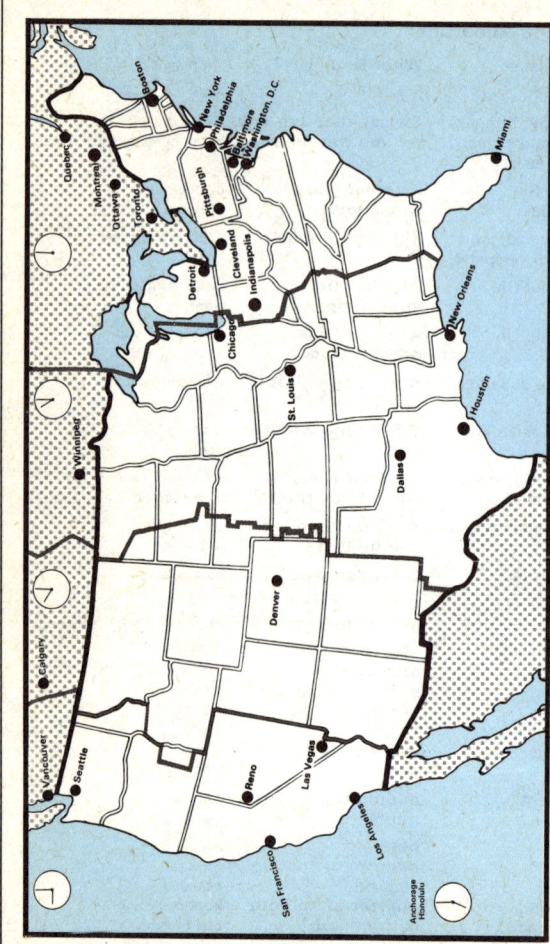

Die Zeitzonen werden wie folgt abgekürzt: EST (Eastern Standard Time), CST (Central Standard Time), MST (Mountain Standard Time) und PST (Pacific Standard Time). In den meisten Staaten gibt es eine Sommerzeit (daylight saving time), in der die Uhren eine Stunde vorgestellt werden. Offiziell werden dann die Abkürzungen EDST, CDST, MDST und PDST verwendet. Flug-, Eisenbahn- und Buslinien behalten meist das ganze Jahr hindurch Normalzeit bei.

Tage

Welchen Tag haben wir heute?	What day is it today?	uat deej is it tödeej
Sonntag	Sunday	ssöndi
Montag	Monday	möndi
Dienstag	Tuesday	tuhsdi
Mittwoch	Wednesday	uänsdi
Donnerstag	Thursday	θöhrsdi
Freitag	Friday	fraidi
Samstag	Saturday	ssætördi
am Morgen	in the morning	in öö mohrning
tagsüber	during the day	duhring öö deej
am Nachmittag	in the afternoon	in öi æftörnuhn
am Abend	in the evening	in öi iewning
nachts	at night	æt nait
vorgestern	the day before yesterday	öö deej bifohr jässtördi
gestern	yesterday	jässtordl
heute	today	tödeej
morgen	tomorrow	tömaroo
übermorgen	the day after tomorrow	öö deej æftör tömaroo
am Tag vorher	the day before	öö deej bifohr
am folgenden Tag	the next day	öö näksst deej
vor zwei Tagen	two days ago	tuh deejs ögoo
in drei Tagen	in three days' time	in θrie deejs taim
letzte Woche	last week	læsst uiek
nächste Woche	next week	näksst uiek
zwei Wochen lang	for two weeks	fohr tuh uiekss
Feiertag	holiday	halödeej
Ferien	vacation	wökeejschön
freier Tag	day off	deej ohf
Geburtstag	birthday	böhrθdeej
Monat	month	mönθ
Schulferien	school vacation	sskuhl wökeejschön
Tag	day	deej
Urlaub	vacation	wökeejschön
Werktag	working day	uöhrking deej
Woche	week	uiek
Wochenende	weekend	uiekänd
Wochentag	weekday	uiekdeej

ALLERLEI WISSENSWERTES

Monate

Januar	**January**	dʒænjöri
Februar	**February**	fäbröri
März	**March**	mahrtsch
April	**April**	eejpril
Mai	**May**	meej
Juni	**June**	dʒuhn
Juli	**July**	dʒuhlai
August	**August**	ohgösst
September	**September**	ssäptämbör
Oktober	**October**	aktoobör
November	**November**	noowämbör
Dezember	**December**	dissämbör
seit Juni	**since June**	ssinss dʒuhn
während des Monats August	**during the month of August**	duhring ðö mönθ ow ohgösst
letzten Monat	**last month**	læsst mönθ
nächsten Monat	**next month**	näxt mönθ
im vorhergehenden Monat	**the month before**	ðö mönθ bifohr
im folgenden Monat	**the next month**	ðö näxt mönθ
1. Juli	**July 1**	dʒuhlai föhrsst
17. März	**March 17**	mahrtsch säwöntienθ

Das Datum in Briefen wird folgendermaßen geschrieben:

New York, den 17. August 19..   **New York, August 17, 19..**
San Francisco, den 1. Juli 19..   **San Francisco, July 1, 19..**

Jahreszeiten

Frühling	**spring**	sspring
Sommer	**summer**	ssömör
Herbst	**fall**	fohl
Winter	**winter**	uintör
im Frühling	**in spring**	in sspring
den Sommer über	**during the summer**	duhring ðö ssömör
im Herbst	**in fall**	in fohl
den Winter über	**during the winter**	duhring ðö uintör

Offizielle Feiertage

1. Januar	**New Year's Day** – Neujahr
Januar (3. Montag)	**Martin Luther King Day** – Martin-Luther-King-Tag (USA)
Februar (3. Montag)	**Washington's Birthday** – Washingtons Geburtstag (USA)
Mai (Montag vor dem 25.)	**Victoria Day** – Tag der Königin Viktoria (Kanada)
Mai (letzter Montag)	**Memorial Day** – Gefallenengedenktag (USA)
1. Juli	**Canada Day** – Nationalfeiertag (Kanada)
4. Juli	**Independence Day** – Unabhängigkeitstag (USA)
August (1. Montag)	**Civic Holiday** – Staatlicher Feiertag (Kanada)
September (1. Montag)	**Labor Day** – Tag der Arbeit
Oktober (2. Montag)	**Columbus Day** – Kolumbus-Tag (USA) **Thanksgiving** – Erntedanktag (Kanada)
11. November	**Veterans' Day** – Veteranentag (USA) **Remembrance Day** – Tag des Waffenstillstands (Kanada)
November (4. Donnerstag)	**Thanksgiving** – Erntedanktag (USA)
26. Dezember	**Boxing Day** – 2. Weihnachtstag (Kanada)
Bewegliche Feiertage:	**Good Friday** – Karfreitag (Kanada) **Easter Monday** – Ostermontag (Kanada)

Durchschnittstemperaturen (in Grad Celsius)

	Chicago	Los Angeles	Miami	New York	Toronto
Januar	−4	13	20	1	−5
Februar	−3	13	20	1	−5
März	3	15	21	5	−1
April	9	16	23	10	6
Mai	15	18	25	16	12
Juni	20	20	26	21	17
Juli	24	22	27	24	21
August	23	22	27	22	19
September	19	21	27	19	16
Oktober	12	19	25	13	9
November	4	16	22	8	3
Dezember	−2	14	21	3	−3

Abkürzungen

AAA	American Automobile Association	Amerikanischer Automobilklub
a.m.	ante meridiem	vor Mittag (von 0 bis 12 Uhr)
att(n).	attention	zu Händen
Ave.	avenue	Avenue
Blvd.	boulevard	Boulevard
c/o	in care of	bei
Corp.	corporation	Gesellschaft
D.D.S.	doctor of dental science	Doktor der Zahnmedizin
dept.	department	Abteilung
dz.	dozen	Dutzend
e.g.	for instance	z.B., zum Beispiel
enc.	enclosure	Beilage
Fwy	freeway	Autobahn
hp	horsepower	Pferdestärke (PS)
Hwy	highway	Autostraße
i.e.	that is to say	d.h., das heißt
Inc.	incorporated	eingetragen (Verein/ Aktiengesellschaft)
M.D.	medical doctor	Doktor der Medizin
Mgr.	manager	Geschäftsführer
m.p.h.	miles per hour	Meilen pro Stunde
Mr.	mister	Herr
Mrs.	missus	Frau
Ms.	miss or missus	Fräulein oder Frau
Pkwy	parkway	Allee
p.t.o.	please turn over	bitte wenden
P.O.(B.)	post office (box)	Postfach
p.m.	post meridiem	nach Mittag (von 12 bis 24 Uhr)
Rd.	road	Straße
Rev.	reverend	Geistlicher
R.F.D.	rural free delivery	freie Landpostzustellung (in abgelegenen Distrikten)
RR	railroad	Eisenbahn
Soc.	society	Gesellschaft
SRO	standing room only	nur Stehplätze
St.	street	Straße
TV	television	Fernsehen
UN	United Nations	Vereinte Nationen (UNO)
V.P.	vice president	Vizepräsident
Xmas	Christmas	Weihnachten
ZIP	zone improvement plan	Postleitzahl

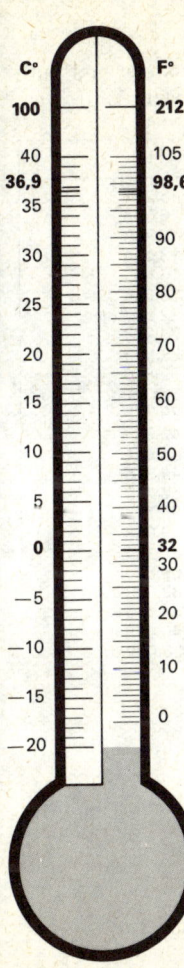

Umrechnungstabellen

Inches und Zentimeter

Umrechnung von Zentimetern in Inches: multiplizieren Sie mit 0,39.

Umrechnung von Inches in Zentimeter: multiplizieren Sie mit 2,54.

12 Inches = 1 Fuß
3 Fuß = 1 Yard

	in.	feet	yards
1 mm	0,039	0,003	0,001
1 cm	0,39	0,03	0,01
1 dm	3,94	0,32	0,10
1 m	39,40	3,28	1,09

	mm	cm	m
1 in.	25,4	2,54	0,025
1 ft.	304,8	30,48	0,304
1 yd.	914,4	91,44	0,914

(32 Meter = 35 Yard)

Temperatur

Um Celsius in Fahrenheit umzurechnen, multiplizieren Sie die Celsiuszahl mit 1,8 und zählen zum Ergebnis 32 hinzu.

Um Fahrenheit in Celsius umzurechnen, ziehen Sie von der Fahrenheitzahl 32 ab und dividieren die Summe durch 1,8.

Meter und Fuß

Die Zahlen in der Mitte gelten zugleich für Meter und Fuß, z.B. 1 Meter = 3,28 Fuß; 1 Fuß = 0,30 Meter.

Meter		Fuß
0,30	1	3,281
0,61	2	6,563
0,91	3	9,843
1,22	4	13,124
1,52	5	16,403
1,83	6	19,686
2,13	7	22,967
2,44	8	26,248
2,74	9	29,529
3,05	10	32,810
3,35	11	36,091
3,66	12	39,372
3,96	13	42,635
4,27	14	45,934
4,57	15	49,215
4,88	16	52,496
5,18	17	55,777
5,49	18	59,058
5,79	19	62,339
6,10	20	65,620
7,62	25	82,023
15,24	50	164,046
22,86	75	246,069
30,48	100	328,092

Andere Umrechnungstabellen

	Seite
Flüssigkeitsmaße	142
Kleidergrößen	112
Meilen – Kilometer	144
Reifendruck	143
Währungsumrechnung	136

Gewichtumrechnung

Die Zahlen in der Mitte gelten zugleich für Kilogramm und Pfund, z.B. 1 Kilogramm = 2,20 Pfund und 1 Pfund = 0,45 Kilogramm.

Kilogramm		Avoirdupois pounds (Pfund)
0,45	1	2,205
0,90	2	4,405
1,35	3	6,614
1,80	4	8,818
2,25	5	11,023
2,70	6	13,227
3,15	7	15,432
3,60	8	17,636
4,05	9	19,840
4,50	10	22,045
6,75	15	33,068
9,00	20	44,889
11,25	25	55,113
22,50	50	110,225
33,75	75	165,338
45,00	100	220,450

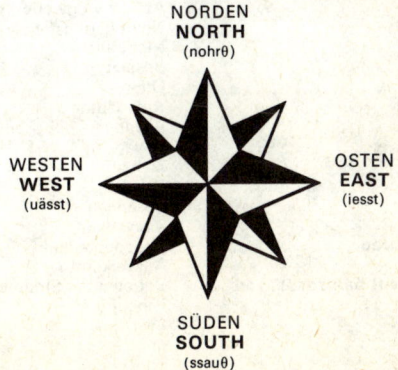

NORDEN
NORTH
(nohrθ)

WESTEN
WEST
(uässt)

OSTEN
EAST
(iesst)

SÜDEN
SOUTH
(ssauθ)

Was bedeutet das?

Einigen dieser Inschriften werden Sie auf Ihrer Reise sicher begegnen:

Beware of the dog	Vorsicht Hund
Bicycle path	Radweg
Cashier	Kassierer
Caution	Vorsicht
Closed	Geschlossen
Cold	Kalt
Danger	Gefahr
Danger of death	Lebensgefahr
Do not block entrance	Eingang freihalten
Do not touch	Nicht berühren
Down	Hinunter
Elevator	Lift
Emergency exit	Notausgang
Entrance	Eingang
Exit	Ausgang
For rent	Zu vermieten
For sale	Zu verkaufen
...forbidden	...verboten
Gentlemen	Herren
Hot	Heiß
Information	Auskunft
Ladies	Damen
No entrance	Kein Eingang
No littering	Abfälle wegwerfen verboten
No loitering	Nicht herumstehen
No smoking	Nichtraucher
Occupied	Besetzt
Open	Offen
Please ring	Bitte läuten
Private	Privat
Private road	Privatweg
Pull	Ziehen
Push	Drücken
Reserved	Reserviert
Sale	Ausverkauf
Smoking allowed	Rauchen erlaubt
Sold out	Ausverkauft
Trespassers will be prosecuted	Betreten bei Strafe verboten
Up	Hinauf
Vacant	Leer/Frei

Im Notfall

Viele Städte und Orte haben die einheitliche Rufnummer 911 für Notfälle *(emergency)*. Ansonsten können Sie auch die Nummer «0» wählen, die Zentrale wird Sie dann mit dem Dienst verbinden, den Sie benötigen. Im übrigen steht vorn in den Telefonbüchern aller Städte eine Notrufnummer, unter der Sie rund um die Uhr einen Arzt oder Zahnarzt erreichen können.

Achtung	Look out	luk aut
Beeilen Sie sich	Be quick	bie kuik
FEUER	FIRE	fair
Feuerwehr	Fire department	fair dipahrtmönt
Gas	Gas	gæss
Gefahr	Danger	deejndʒör
Gehen Sie weg	Go away	goo öueej
HALT	STOP	sstap
Halten Sie hier	Stop here	sstap hier
Halten Sie diesen Mann	Stop that man	sstap ðæt mæn
HALTET DEN DIEB	STOP THIEF	sstap θief
Hände weg	Keep your hands to yourself	kiep johr hænds tu johrssält
Herein	Come in	köm in
HILFE	HELP	hälp
Holen Sie schnell Hilfe	Get help quickly	gät hälp kuikli
Hören Sie zu	Listen	lissön
Hören Sie mir zu	Listen to me	lissön tu mi
Ich bin krank	I'm ill	aim il
Ich habe... verloren	I've lost...	aiw losst
Ich habe mich verirrt	I'm lost	aim losst
Krankenwagen	Ambulance	ämbulönss
Lassen Sie mich in Ruhe	Leave me alone	liew mi öloon
Legen Sie sich hin	Lie down	lai daun
PASSEN SIE AUF	LOOK	luk
POLIZEI	POLICE	pöliess
Rufen Sie die Polizei	Call the police	kohl ö pöliess
Rufen Sie einen Arzt	Get a doctor	gät ö daktör
Schnell	Quick	kuik
VORSICHT	CAREFUL	kärföl

AUTOUNFÄLLE, Seite 150

Inhaltsverzeichnis

Abkürzungen	184	Tabakwaren	131
Ankunft	22	Toilettenartikel	107
Arzt	162	Uhrmacher	124
Aufschriften	188	Wäscherei	133
Aussprache	7	Zeitungsstand	116
Auto	142	Einladungen	95
Ersatzteile	152	Eisenbahn	66
Panne	151		
Reparaturen	158	Farben	110
Unfälle	150	Feiertage	183
Vermietung	26	Friseur	122
Parken	147	Früchte	54
		Frühstück	34
Bahnhof	67	Fundbüro	72
Ballett	82		
Bank	134	Gaststätten	38
Bekanntschaften	93	Bestellen	41
Besichtigungen	75	Fisch	47
Bier	58	Fleisch	49
Buchstabiertafel	140	Geflügel	51
Bus	73	Gemüse	52
		Getränke	58
Camping	90	Imbiß	64
Ausrüstung	118	Käse	53
		Nachtisch	55
Damenfriseur	123	Obst	54
		Rechnung	57
Einkaufsführer	97	Salat	45
Andenken	104	Suppen	46
Apotheke	105	Vorspeisen	44
Bekleidung	109	Wild	134
Buchhandlung	116	Geld	134
Camping	118	Geldwechsel	25
Drogerie	105	Gepäck	24, 71
Elektrogeräte	120	Geschäftsliste	98
Friseur	122	Getränke	58
Juwelier	124	Gottesdienst	79
Lebensmittel	127	Grammatik	16
Photogeschäft	129		
Plattenbar	121	Himmelsrichtungen	185
Reinigung	133	Hotel	28
Schreibwaren	116	Abreise	37
Schuhe	113		

Anmeldung	29, 32	Speisekarte	43
Bedienung	33	Spiel	84
Empfang	29	Spirituosen	60
Frühstück	34	Sport	86
Schwierigkeiten	35	Staaten	174
Jahreszeiten	182	Stoffarten	111
Jugendherberge	29	Strand	88
		Straßen	146
Kasino	85	Straßenbahn	73
Kino	80		
Kleider	114	Tankstelle	142
Konzert	82	Tanzen	84
Körperteile	163	Taxi	27
Krankheit	165	Telegramm	138
Mahlzeiten	38	Telephon	139
Monate	182	Theater	80
Museum	78	Toilettenartikel	107
Nachtlokale	83	Uhrzeit	178
Notfall	189	Umrechnungstabellen	
		Flüssigkeitsmaße	142
Oper	82	Gewicht	128, 187
Optiker	173	Kleidergrößen	112
Orientierung	91	Längenmaße	144, 185, 186
		Reifendruck	143
Paßkontrolle	22	Temperatur	185
Photographieren	129	Währungsumrechnung	136
Picknick	127	Unterhaltung	80
Postamt	137	Unterkunft	28
Reinigung	133	Verabredung	95
Reisen	65	Verkehrszeichen	149, 160
Auto	142	Vorstellung	93
Auskunft	68		
Bus	73	Wein	58
Fahrkarten	69	Wetter	94
Flugzeug	65	Wissenswertes	174
Schiff	74	Wochentage	181
Straßenbahn	73		
Zug	66	Zahlen	175
Restaurant	38	Zahnarzt	172
Reinigung	133	Zeitangaben	178, 179
Schönheitssalon	123	Zeitzonen	180
Sehenswürdigkeiten	76	Zoll	23, 145

Auf einen Blick

Bitte	**Please.**	plies
Danke.	**Thank you.**	θænk ju
Ja/Nein	**Yes/No.**	jäss/noo
Entschuldigen Sie.	**Excuse me.**	iksskjuhs mi
Herr Ober, bitte.	**Waiter, please.**	ueejtör plies
Wieviel macht das?	**How much is that?**	hau mötsch is ðæt
Wo sind die Toiletten?	**Where's the restroom?**	uärs ðö **räss**truhm

Toiletten	
 **GENTLEMEN** *(dʒäntölmän)*	**LADIES** *(leejdis)*

Könnten Sie mir sagen…?	**Could you tell me…?**	kud ju täl mi…
wo/wann/warum	**where/when/why**	uär/uän/uai
Bitte helfen Sie mir.	**Please help me.**	plies hälp mi
Wie spät ist es?	**What time is it?**	uat taim is it
Wo ist das… Konsulat?	**Where's the… consulate?**	uärs ðö… **kans**söleejt
deutsche österreichische Schweizer	**German Austrian Swiss**	dʒöhrmön ohsstriön ssuiss
Was heißt das? Ich verstehe es nicht.	**What does this mean? I don't understand.**	uat dös ðiss mien? ai doont öndörsstænd
Sprechen Sie Deutsch?	**Do you speak German?**	du ju sspiek dʒöhrmön